C.H.BECK WISSEN

Seit der Antike wurden Kinder getauft, um sie vor der ewigen Verdammnis zu bewahren. Im Zuge der Reformation brachen einige radikale Theologen auch mit dieser Tradition, um die Taufe der Entscheidung des mündigen Christen zu überlassen. Thomas Kaufmann schildert konzise die Geschichte der Täufer von den Anfängen über das Täuferreich zu Münster und friedliche Gemeinschaften wie die Hutterer oder die Mennoniten bis hin zu den Baptisten, die sich bald vor allem in Nordamerika verbreiteten und heute weltweit zu den größten christlichen Konfessionen gehören. Sein anschaulicher Überblick macht deutlich, dass der radikale Einspruch der Täufer gegen kirchliche Traditionen bis heute virulent ist.

Thomas Kaufmann ist Professor für Kirchengeschichte an der Universität Göttingen, Vorsitzender des Vereins für Reformationsgeschichte und Mitglied der Akademie der Wissenschaften zu Göttingen. Bei C.H.Beck erschienen von ihm außerdem «Erlöste und Verdammte. Eine Geschichte der Reformation» (4. Aufl. 2017) sowie in C.H.Beck Wissen «Martin Luther» (5. Aufl. 2017).

Thomas Kaufmann

DIE TÄUFER

Von den radikalen Reformatoren zu den Baptisten

C.H.Beck

Mit 7 Abbildungen und 1 Karte

Originalausgabe

www.chbeck.de
Satz: C.H.Beck.Media.Solutions, Nördlingen
Druck und Bindung: Druckerei C.H.Beck, Nördlingen
Reihengestaltung Umschlag: Uwe Göbel (Original 1995, mit Logo),
Marion Blomeyer (Überarbeitung 2018)
Umschlagabbildung: Joachim Patinir, «Taufe Christi» (Ausschnitt),
um 1515, Kunsthistorisches Museum Wien,
© akg-images/Album/Oronoz
Printed in Germany
ISBN 978 3 406 73866 1

myclimate

klimaneutral produziert
www.chbeck.de/nachhaltig

Inhalt

Einleitung: Wer waren die Täufer? 7
Die Säuglingstaufe und ihre Verweigerung 7
Der kritische Blick der Zeitgenossen 9
Umwertungen seit 1700 12
Neuere Forschungen 14

1. Anfänge in der Frühreformation (ab 1521) 17
Zwickau: Nikolaus Storch 18
Karlstadt in Wittenberg und Orlamünde 22
Zürich: Konrad Grebel und Felix Manz 24

2. Dramatische Aufbrüche und innere Widersprüche (ab 1525) 32
Zurück zur «wahren Kirche» des Anfangs: Massentaufen, Liebesmähler und Bußprozessionen 32
Balthasar Hubmaier in Waldshut und Nikolsburg 36
Das Schleitheimer Bekenntnis 38
Erben der sächsischen Radikalen 41

3. Facetten des Täufertums bis zur Täuferherrschaft von Münster 47
Verfolgung bis zum Tod 47
Die Uttenreuther Träumer 50
Kürschner und Prophet: Melchior Hoffman 51
Die Melchioriten und das Münsteraner Täuferreich (1534–1536) 55
Militante Reste einer entgleisten Ideologie: Die Batenburger 60

4. Freie Gemeinschaften jenseits der Gewalt (ab etwa 1530) **62**
Die Austerlitzer Gemeinde in Mähren 63
Die Sabbatarier in Böhmen 66
Die Hutterer zwischen Tirol und Mähren 67
Die Schweizer Brüder 70
Die kurzlebigen Davidjoristen 72
In Nord- und Mitteleuropa: Die Mennoniten 75

5. Täuferische Dissenter: Theologische Schnittmengen und kulturelle Eigenarten **78**

6. Von der Alten in die Neue Welt (17. und 18. Jahrhundert) **88**
Pietisten, Neutäufer und andere «Wiedertäufer» . . 88
Zwischen Verfolgung, Duldung und Integration . . 90
Nordamerika: Freiraum für Amische, siebenbürgische Hutterer, Puritaner, Quäker 93

7. Ein neuer Spross: Die Baptisten (ab 1608) **98**
Puritanische Wurzeln in England 99
Die Erweckungsbewegung in Nordamerika 101
Baptistische Gemeinden in Deutschland 104
Baptisten weltweit 106

Epilog: Die Täufer in der Geschichte des Christentums **108**
Unbehagen gegenüber Obrigkeiten 109
Wandel und Dynamik 110
Freiwilligkeit und Toleranz 112
Autonomie ohne faule Kompromisse 114

Karte: Verbreitung der Täuferbewegung in Mitteleuropa bis 1550 116

Quellen und Literatur 117
Bildnachweis 125
Register 126

Einleitung: Wer waren die Täufer?

Die Säuglingstaufe und ihre Verweigerung

Seit dem 5. Jahrhundert wurde die Säuglingstaufe die rituelle Regelpraxis des Christentums; ihre Verweigerung gilt mit einigem Recht als das wichtigste Kennzeichen des Täufertums. Gegenüber der im 16. Jahrhundert üblichen Bezeichnung «Wiedertäufer» hat sich seit der Mitte des 20. Jahrhunderts im Deutschen der Begriff «Täufer» weitgehend durchgesetzt. Man begann die Auffassung der betroffenen Gruppen zu akzeptieren, dass eine Säuglingstaufe keine Taufe sei und daher die Bekenntnistaufe keine zweite. In anderen europäischen Sprachen lebt der ältere Sprachgebrauch (lat. *anabaptistae*; frz. *anabaptistes*; engl. *anabaptists*; ital. *anabattisti*) bis heute fort.

Die historischen Ursprünge der Täufer liegen im frühen 16. Jahrhundert, also in den «Reformation» genannten Auseinandersetzungen. Unter den damals entstandenen devianten Gruppen waren die Täufer die einflussreichste. In der Geschichte der antiken oder mittelalterlichen «Ketzereien» hatten gruppenbildende Verweigerungen der Kindertaufe keine nennenswerte Rolle gespielt, auch wenn dies von Täufergegnern gelegentlich behauptet wurde. Der Zürcher Kirchenführer Heinrich Bullinger etwa, einer der einflussreichsten Historiographen des frühen Täufertums, identifizierte die altkirchlichen «Ketzer» Novatian, Auxentius und Pelagius und den mittelalterlichen Laienprediger Valdes als Vorläufer der Täufer. Darin, dass Nicht-Geweihte – nach dem Rechtsverständnis der römischen Kirche also Laien – in einigen hoch- und spätmittelalterlichen «Ketzergruppen», etwa bei den Waldensern, heilige Kult- und Sprachhandlungen versahen, sind jedoch Analogien zu täuferischen Lebensformen und Praktiken zu sehen.

Die in Frömmigkeit, Theologie und Kirchenrecht seit der Spätantike fest verwurzelte Taufe Neugeborener war in der Ost-

wie der Westkirche weithin unumstritten; ihre Plausibilität, ja Notwendigkeit ergab sich insbesondere daraus, dass seit dem wichtigsten Kirchenvater des lateinischen Okzidents, Aurelius Augustinus (354–430), jedes Menschenkind als mit dem Makel der Ur- oder Erbsünde behaftet galt. In sündiger Lust gezeugt, aktualisiere jeder Mensch gleich welchen Alters immer neu schuldhaft, was doch bereits als Verhängnis auf ihm liege: die böse Begehrlichkeit *(concupiscentia)*, den Hochmut *(superbia)*, die Eigenliebe *(amor sui)*, die die Mitwelt als Medium des Selbstgenusses instrumentalisiert und Gott die ihm gebührende liebende Verehrung *(amor Dei)* verweigert. Mit der Taufe habe Christus seiner Kirche als göttlich legitimierter Heilsanstalt das entscheidende Mittel übertragen, um die Menschen vor der ewigen Verdammnis zu bewahren, die aus der Erb- oder Ursünde folge. Die Taufe galt mithin als *Sakrament*, als Heilsmittel, das durch einen sichtbaren rituellen Vollzug – im Kern: die dreimalige Berührung des Täuflings mit Wasser, die Handauflegung durch den Täufer, das Sprechen einer Segensformel auf den dreieinigen Gott und eine als Exorzisierungsakt wirksame Kennzeichnung mit dem Kreuzessymbol – eine unsichtbare Gnade vermittle. In der römisch-katholischen Tradition war sie das lebensgeschichtlich erste der insgesamt sieben Sakramente (Taufe, Firmung, Beichte, Abendmahl, Ehe, Priesterweihe, letzte Ölung), die das Leben eines Gläubigen von der Wiege bis zur Bahre heilsam begleiteten, es sinnhaft disziplinierten, aufs ewige Leben ausrichteten und dauerhaft an die Kirche als alternativlose Heilsvermittlerin banden.

Die Verweigerung der Kindertaufe war ein dramatischer Sachverhalt. Sie bedeutete, die Erbsündenlehre bzw. das ihr zugrundeliegende Menschenbild und das mit ihr verbundene Erlösungskonzept infrage zu stellen, dazu die Rolle der Amtsgeistlichkeit und nicht zuletzt die Notwendigkeit der Heilsanstalt Kirche. Der Angriff auf die Kindertaufe, den viele Täufer im Namen der Bibel führten, galt mithin einer christlich imprägnierten Kultur und ihrer anstaltlich verfassten, auch von den Reformatoren – ob in Wittenberg oder Zürich, Straßburg, Stockholm, Edinburgh oder Genf – bejahten Sozialform: der Kirche. Insofern bildeten die Täufer in der überwiegenden Mehrheit ihrer Erscheinungen alternative Sozialgestalten des Christlichen – früher pejorativ als «Sekten» bezeichnet – aus, die von den politischen Obrigkeiten und den Vertretern der Kirchen aller drei Konfessionen bekämpft wurden, von Luthertum, Reformiertentum und römischem Katholizismus.

Anders als die Konfessionskirchen war das Christentum der Täufer stärker durch freiwillige Entscheidungen religionsmündiger Einzelner geprägt, die die christliche Religion in ihre eigenen Hände zu nehmen versuchten. Die Täufer erkannten durch Amtsträgerschaft repräsentierte rechtlich-institutionelle Autoritätsformen in der Regel nicht an. Sie kultivierten ein Bewusstsein der Abgrenzung von der großen Masse der «Anderen» und der Zugehörigkeit zu einer spezifisch qualifizierten, meist strengen Sittlichkeitsstandards unterliegenden Gruppe Erwählter. Das Täufertum stellte ein besonders dynamisches Moment der mit der Reformation aufbrechenden und bis heute anhaltenden Pluralisierungsepoche des lateinischen Christentums dar.

Der kritische Blick der Zeitgenossen

Freilich wird man dem in sich außerordentlich vielfältigen religionskulturellen Phänomen der «Täufer» nicht gerecht, wenn man es allein von der Taufe her versteht bzw. auf die Ablehnung der Kindertaufe reduziert. Schon an den in der Reformationszeit einsetzenden ersten Versuchen, die Täufer historiographisch zu fassen, wird dies deutlich. Der spiritualistische Freigeist Sebastian Franck, der allen religiösen Gruppenbildungen der Zeit einschließlich der Großkirchen, die er samt und sonders «Sekten» nannte, wegen deren Tendenz zur Selbstgerechtigkeit und Intoleranz mit größter Skepsis begegnete, sich selbst zur «geystlichen unparteischen zerströwten kirchen Christi under allen Heyden» bekennend, betonte in seiner *Chronica oder Geschichtsbibel*, dass die Täufer «undereinander uneynig und zerrissen» seien; deshalb könne nichts «gwiss und endtlichs» über sie gesagt werden.

Dass sich Franck dann doch seitenlang über sie ausließ, lag

vor allem daran, dass es sehr viel Interessantes, Disparates, ja Widersprüchliches über sie zu berichten gab: Einigen war etwa die Kindertaufe ein Gräuel, andere nahmen sie hin, auch wenn sie sie für keine rechtmäßige Taufe hielten und deshalb auf einer «echten» im Erwachsenenalter bestanden. Einige hielten allein ihre «Sekte» für rein und heilig, andere übten immerzu, auch gegen die eigenen Mitglieder, schärfste Kirchenzucht und schleuderten unablässig Bannstrahlen der Exkommunikation in alle möglichen Richtungen. Einige reglementierten Kleidung und Speise ähnlich streng, wie manche Mönchsregeln es taten; wieder andere überließen alles Äußerliche, selbst Partnerwahl und Geschlechtsverkehr, dem freien Belieben ihrer Gemeinde.

Auch in Bezug auf den Umgang mit der Bibel vermerkte Franck gegensätzliche Positionen: Während einige Täufer in biblizistischer Manier nach dem Buchstaben der Schrift lebten und auch ihre Mit- und Umwelt allein daran maßen, betonten andere das Wirken des Geistes und nahmen unmittelbare göttliche Weisungen für sich in Anspruch. Einige täuferische Gemeinschaften praktizierten das apostolische Modell der Gütergemeinschaft (Apg 4), andere nicht. Ähnlich disparat war der Umgang der Täufer mit Leiden und Gewalt. Während einige «durchs leiden und nicht durch Christum» zum Heil zu gelangen meinten und nach Franck «einen Abgott auß dem leiden machten», sähen andere in Unbill und Verfolgung allenfalls ein ihnen aufgenötigtes Schicksal.

Auch wenn Franck der in Martyrien führenden Leidensbereitschaft vieler Täufer den Respekt nicht versagte, sah er darin doch eine bedenkliche Form des Fanatismus. In der Frage, ob die Anwendung physischer Gewalt durch weltliche Obrigkeiten mit dem Bekenntnis zum wahren, täuferischen Christentum vereinbar sei, standen sich ebenfalls radikal gegensätzliche täuferische Auffassungen und Gruppen gegenüber. Francks Geschichtsdarstellung, die in ihrer ersten Fassung (1531) weniger als ein Jahrzehnt nach dem frühesten Auftreten des Täufertums erschienen war, dokumentiert, dass schon ein Zeitgenosse die Einheit und die Vielfalt, den inneren Zusammenhang und die massive doktrinale und kulturelle Disparität der Täufer intensiv wahrnahm. Dass die Täufer ein besonders sperriger Gegenstand jeder historischen Darstellung sind, dürfte das Unstrittigste an ihnen geblieben sein.

Antistes Heinrich Bullinger, der wirkungsreichste Schriftsteller über die Täufer aus dem Kreis der Reformatoren, blickte als rechtgläubiger reformierter Kirchenmann auf sie. Ihre Ursprünge sah er, ähnlich übrigens wie der Wittenberger Gelehrte Philipp Melanchthon, fernab von Zürich, seinem Wirkungsort – und dem seines verehrten Vorgängers Ulrich Zwingli –, und zwar im fernen «lutherischen» Sachsen: bei dem Tuchmacher Nikolaus Storch. Dieser war das Haupt der sogenannten Zwickauer Propheten, einer Laiengruppe, die «troumend/ unnd als durch gesichten und offenbarungen/ von Gott … uß dem himmel» inspiriert zu sein beanspruchte. Aus «der selben schul und rott» seien dann Thomas Müntzer, Heinrich Pfeiffer, Melchior Rinck und andere radikale Geister hervorgegangen (siehe dazu Kapitel 1 und 3). Der Zürcher Täuferkreis, der sich vornehmlich aus ehemaligen Zwingli-Anhängern rekrutiert hatte, erschien bei Bullinger hingegen als ein sekundäres Phänomen. Durch diese historiographische Sicht trat er Katholiken und Lutheranern, die die Reformierten mit Vorliebe in eine besondere Nähe zu den «Schwärmern» und Täufern rückten, entgegen.

Anders als Franck betonte Bullinger, der ein überzeugter Repräsentant des reformierten Staatskirchentums war, dass die Täufer die kirchlichen Amtsautoritäten missachteten, die öffentliche Ordnung unterminierten und gefährliche Aufrührer seien. Ihnen müsse mit allen Mitteln staatlicher Gewalt, einschließlich der Todesstrafe, begegnet werden. Die enorme Vielfalt täuferischer Lebens- und Aktionsformen, Gruppenbildungen und Irrlehren, die Bullinger akribisch notierte, exemplifizierte und «bewies» seines Erachtens, dass es sich beim Täufertum um eine veritable «Ketzerei» handelte. Denn zum «Unwesen» einer solchen gehörte schließlich – das wusste man seit der Antike –, dass sie sich immerzu weiter verändert, spaltet und in mäandrierenden Degenerationen fortzeugt.

Bullingers Sicht auf die Täufer kann als repräsentativ für die

Historiographien der konfessionellen Kirchentümer gelten. War für die Katholiken klar, dass die Ursprünge des Täufertums vor allem bei Luther selbst lagen, jenem «Ketzer», der die Pforten der Hölle geöffnet hatte, so bestanden die Lutheraner darauf, dass es sich bei den Täufern um «falsche Brüder» handelte, vor denen schon der Apostel Paulus (Gal 2,4; 2 Kor 11,26) gewarnt hatte. Überdies stellte man heraus, dass sie aus traditionellen Quellen wie der Mystik oder dem Mönchtum schöpften, der Rechtfertigung aus Glauben und Gnade allein *(sola fide, sola gratia)* Hohn sprachen, Christus zum neuen Gesetzgeber pervertierten, Aufruhr entfachten und für einen anständigen Nachfolger des Wittenberger Reformators nur als Feinde Christi und der wahren Kirche betrachtet werden konnten.

Im Anschluss an Bullinger blieb es in den konfessionellen Geschichtswerken noch lange üblich, unter der wenig trennscharfen Kategorie der «Täufer» auch Spiritualisten, also auf unmittelbare, nicht durch Wort und Sakrament vermittelte Wirkungen des Heiligen Geistes setzende Gestalten wie Kaspar von Schwenckfeld, zu behandeln oder auch Antitrinitarier, Kritiker des altkirchlichen Dogmas von der Dreieinigkeit Gottes wie Michel Servet. Jede Form innerprotestantischer Devianz und Freigeisterei, mithin das «Andere» der konfessionell gefügten, disziplinierten und als Teil der öffentlichen Ordnung etablierten, alle Untertanen eines protestantischen Gemeinwesens umfassenden Staatskirche, konnte als «täuferisch» attackiert und in entsprechenden kirchlichen Visitations- und Verwaltungsakten archiviert werden. Die Selbstverständnisse der «Täufer» und das Bild, das sich ihre konfessionellen Feinde von ihnen machten, divergieren stark.

Umwertungen seit 1700

An der Schwelle vom 17. zum 18. Jahrhundert lieferte der radikalpietistische Historiker Gottfried Arnold eine wegweisende Neubewertung der Täufer. Er stand der engen Verbindung der Kirche mit dem römischen Staat, die seit den Tagen Kaiser Konstantins bestand, kritisch gegenüber. Unversöhnlich begegnete er auch der Perpetuierung des Konstantinismus unter den Bedingungen der obrigkeitsgeleiteten Reformation und des konfessionellen Zeitalters. Entsprechend wertete er die innerkirchlichen Gegner, die «Ketzer» und Außenseiter, die Marginalisierten, die Verlierer der Kirchengeschichte, in der Regel auf. Denn die eigentlichen «Ketzer» waren für ihn die auf orthodoxe Lehren fokussierten Ketzerverfolger. Dadurch brach Arnold einer fundamentalen Umwertung der Täufer Bahn. Dem entsprach, dass manche Obrigkeiten die Täufer seit dem späteren 17. Jahrhundert in ihren Territorien zu dulden begannen und als fleißige Handwerker und loyale Untertanen schätzen lernten.

Arnolds verändertes Bild der Täufer drang über die Aufklärung in die Historiographie der klassischen Moderne vor, zu Ernst Troeltsch, Max Weber und Georg Jellinek. Für diese Richtung wurde kennzeichnend, dass sie den Randsiedlern der europäischen Religionsgeschichte, also den Täufern, «protestantischen Sekten» und individualistischen Freigeistern, eine besondere Bedeutung bei der neuzeitlichen Transformation von Kultur, Staat, Gesellschaft und Christentum zuschrieben. In dieser Perspektive wurden die Verfolgten und Ausgegrenzten zu den frühesten und hartnäckigsten Advokaten der Toleranz und der Gewissensfreiheit; die Frucht ihrer Bemühungen sei in die Menschenrechtskodifikation der Neuen Welt eingegangen, wohin sie sich seit dem 17. Jahrhundert in großen Scharen flüchteten. Ihre auf Freiwilligkeit basierende Gemeinschaftsbildung habe den im Kern mittelalterlichen, im konfessionellen Zeitalter prolongierten Institutionalisierungstyp des Christentums, die kirchliche Anstalt, durchbrochen. Die Täufer haben demnach essentielle Merkmale der westlichen Moderne entwickelt oder entscheidend geprägt. In der Tradition des liberalen Protestantismus erfreuten sich das Täufertum und seine spezifischen Traditionen in der Regel positiver Resonanz, die sich nicht zuletzt in wichtigen Einzelstudien und Editionen niederschlug.

Immer dann, wenn es ihre soziokulturellen Lebensbedingungen zuließen, versuchten auch die täuferischen Gemeinschaften, zur Identitätspflege Traditionsgut ihrer eigenen Geschichte zu sichern, an die Nachgeborenen zu überliefern und im kulturellen Gedächtnis ihrer jeweiligen Gruppe zu verankern. Als erstes Werk täuferischer Geschichtsschreibung gilt eine Chronik des zu den Hutterischen Brüdern in Mähren (siehe Kapitel 4) gehörenden Schlesiers Kaspar Braitmichel (gest. 1573). Sie ordnete die Geschichte der Täufer in die Universalgeschichte der Kirche Jesu Christi ein und ließ bereits einige Perspektiven erkennen, die für das historische Selbstverständnis vieler täuferischer Gemeinschaften wichtig blieben: Trotz der Verdienste der Reformatoren – allen voran Luthers und Zwinglis – um die Wiederentdeckung des Evangeliums seien diese im Ganzen in die Irre gegangen. Denn in den unter ihrem Einfluss entstandenen Kirchentümern sei ein schriftgelehrter Doktrinarismus, eine Dominanz der «Lehre» bestimmend geworden, während es an einer sichtbaren Reform des «Lebens», an sittlicher Läuterung der Gemeinde, an wahrhaftiger Buße und Nachfolge Christi gefehlt habe. Die Kindertaufe leiste dem mangelnden Bußernst der reformatorischen Kirchen Vorschub. Ihre enge Verbindung mit den weltlichen Obrigkeiten habe diese negativen Entwicklungen zusätzlich befördert. Als Anfangspunkt der eigenen, täuferischen Geschichte sah Braitmichel den Kreis um die Zürcher Zwingli-Anhänger (Konrad Grebel, Felix Manz, Jörg Blaurock u. a.; siehe Kapitel 1), die «eifriger… als Zwingli» gewesen seien, sich konsequent von der Welt abgesondert und in Kreuz und Martyrium ihren Glauben bezeugt hätten. Im Blutzeugnis der Bekenner Christi kehre die wahre Gemeinde nun, am Ende der Zeiten, zur Heiligkeit der apostolischen Kirche zurück. Im späteren 16. und 17. Jahrhundert dienten täuferische Märtyrerspiegel insbesondere holländischen Mennoniten als maßgebliche Bezugsquelle ihrer memorialkulturellen Identitätspflege.

Neuere Forschungen

Das zunächst und auf längere Zeit wohl einflussreichste, wissenschaftlich fundierte Bild der Geschichte des Täufertums stammte von Harold S. Bender, einem Mitte des 20. Jahrhunderts führenden nordamerikanischen Kirchenhistoriker mennonitischer Prägung. Es knüpfte an ältere täuferische, aber auch liberalprotestantische Perspektiven an und erklärte das Täufertum aus einem einheitlichen Ursprung: dem Zürcher Kreis um Konrad Grebel, dem Bender eine prägende Schlüsselrolle für das gesamte frühe schweizerische Täufertum zuschrieb. Er sah in der von Grebel gespendeten Taufe Blaurocks, der ersten Glaubenstaufe überhaupt (siehe Kapitel 1), den entscheidenden Schritt zur Begründung einer Freikirche. In ihrer Frühzeit habe die Zürcher Täufergemeinde die wesentlichen Züge einer «Anabaptist Vision» ausgebildet: die Heiligung des Lebens in der konsequenten Nachfolge, die Idee der freiwilligen Mitgliedschaft und die Friedfertigkeit bzw. Wehrlosigkeit – Aspekte, denen Bender eine bleibende Bedeutung für die täuferische Identität zuschrieb. Obwohl Bender den Brief des Grebelkreises an Thomas Müntzer – ein Schlüsseldokument des frühen Täufertums (5. September 1524) – kannte, lehnte er jeden substantiellen Einfluss der mitteldeutschen Dissidenten auf die Zürcher Täufergruppe ab. Dies galt auch für den im Herbst 1524 nach Zürich gereisten Andreas Bodenstein, genannt Karlstadt – Luthers ehemaligen Kollegen und bald schärfsten innerreformatorischen Gegner.

Dieser «monogenetischen» Erklärung des Täufertums bei Bender traten seit den 1960er-Jahren konkurrierende Modelle an die Seite. James M. Stayer, Werner O. Packull und Klaus Deppermann stellten heraus, dass keineswegs alle Erscheinungsweisen des Täufertums in Zürich ihren Ausgang genommen hätten. Daneben habe es von Akteuren wie Hans Denck, Hans Hut oder Melchior Hoffman (siehe Kapitel 2) je spezifische Impulse zur Bildung täuferischer Gemeinschaften und zur Formierung einer täuferisch-spiritualistischen Theologie gegeben. Auch die Einwirkungen der sächsischen «Radikalen» Karlstadt und Müntzer auf die Ausbildung täuferischen Gedankenguts stellen ein nicht unwichtiges Thema der neueren Forschung dar. Intensiv diskutiert wurde auch, ob die Entwicklung der Zürcher Täufer geradlinig auf eine sich dann im *Schleitheimer Bekenntnis* (1527; siehe Kapitel 2) verdichtende freikirchliche Separation zulief und inwiefern die Erfahrungen des Bauernkriegs und erster Verfolgungen diese Tendenz beeinflussten oder gar forcierten.

Das von dem US-amerikanischen Theologiehistoriker Georg

Hunston Williams vertretene Konzept einer «Radical Reformation» schließlich ordnete die Täufer in eine umfassende Sichtung des Nonkonformismus des 16. Jahrhunderts ein. Williams schrieb diesem eine mit den drei Konfessionen Luthertum, Reformiertentum und römischem Katholizismus sowie dem Renaissancehumanismus vergleichbare geistes- und kulturgeschichtliche Bedeutung zu. Sein Bemühen, das Phänomen des Nonkonformismus geographisch und chronologisch umfassend, gleichsam enzyklopädisch zu erfassen, trug entscheidend dazu bei, dass Arbeiten zum Täufertum zu einem integralen Bestandteil der allgemeinen Reformationsgeschichtsforschung wurden. Einen ähnlichen Ansatz verfolgte der deutsche Täuferforscher Heinold Fast mit seinem an der politischen Semantik der Neuzeit orientierten, Täufer, Spiritualisten und Antitrinitarier umfassenden Begriff des «linken Flügels der Reformation».

Dass spiritualistische und täuferische Tendenzen, Positionen und Theologien genealogisch und sachlich engstens zusammenhingen, stellt inzwischen eine Art Konsens der neueren Forschung dar. Apokalyptische Vorstellungen und die Erwartung eines baldigen Endes der Geschichte sind für zahlreiche Erscheinungen des frühen Täufertums von zentraler Bedeutung. Aufgrund sozialgeschichtlicher Befunde (Claus P. Clasen) wurde sodann deutlich, dass das Täufertum über lange Strecken und in vielen Regionen ein marginales Phänomen war, aber auch, dass in katholischen Ländern weitaus mehr täuferische Martyrien provoziert wurden als in protestantischen. In neuester Zeit wurde versucht, eine antiklerikale Mentalität als organisierendes Kernmotiv gerade täuferischer Devianz geltend zu machen (Hans-Jürgen Goertz). Und schließlich wurden neben dem 16. verstärkt die Ausformungen und Entfaltungen des Täufertums im 17. und 18. Jahrhundert in den Blick genommen.

Jede Beschreibung der Täufer wird historisch-genetische und phänomenologisch-thematische Aspekte zu verbinden haben. Man wird gut beraten sein, eine zu enge Perspektive zu vermeiden; Gruppen, die etwa im Zeichen der Verfolgung zeitweilig von einer Praxis der Bekenntnistaufe absahen, gehören selbstverständlich zum Täufertum hinzu. Auch die Grenzen zu den

Spiritualisten, die zum Teil jeden äußeren Kult – also auch eine äußerlich vollzogene Glaubenstaufe – ablehnten, waren fließend und sollen in dieser Darstellung primär in Bezug auf mögliche Verbindungen zum Täufertum bedacht werden. Nach dem Zusammenhang zwischen Antitrinitariern und Täufern (siehe Kapitel 5) zu fragen, wie es hier geschieht, kann natürlich nicht bedeuten, in der Bestreitung der altkirchlichen Dogmen einen Grundzug des Täufertums als Ganzem zu sehen. Jede Darstellung zur Geschichte der Täufer muss die spezifische Quellenlage im Blick haben: Wegen der vielfachen Verfolgungen haben wir es mit zum Teil extrem fragmentierten und kontingenten Überlieferungen vor allem handschriftlicher Art zu tun, was zurückhaltende Urteile verlangt. Wie bei vielen zeitweilig erfolgreich bekämpften «Ketzereien» dominieren die Quellen über die Täufer gegenüber denen, die von ihnen selbst stammen.

Dass die Täufer ein schillernder, ungemein vielfältiger und widersprüchlicher, aber auch faszinierender Gegenstand sind, in dem sich das Zeitalter der Reformation in besonderer Weise spiegelt, wird in den vielen unterschiedlichen Darstellungen seit dem 16. Jahrhundert und hoffentlich auch in dieser deutlich. Wie alle anderen vor ihr, kann auch sie nur eine vorläufige sein.

1. Anfänge in der Frühreformation (ab 1521)

Die Anfänge «der Täufer» liegen in jener vielschichtigen religionskulturellen Konstellation, die man gewöhnlich als *frühreformatorische Bewegung* bezeichnet. In dieser waren spätmittelalterliche Frömmigkeitstraditionen und kommunale Mentalitäten, humanistische Bildung, theologische Motive früher gelehrter Exponenten der Reformation wie Luther, Karlstadt, Müntzer oder Zwingli, ursprüngliche Lektüreerlebnisse laikaler Bibelleser und mannigfache, in der Regel quellenmäßig kaum greifbare Netzwerke, Kommunikations- und Austauschprozesse zwischen unterschiedlichen Akteuren innerhalb des deutschen Sprachgebietes wirksam. In den Zusammenkünften der Täufer wurde das Allgemeine Priestertum der Glaubenden, eine zentrale Grundidee der Reformation, in spezifischer Weise verwirklicht.

Zwickau: Nikolaus Storch

Das früheste Zeugnis für eine Kritik an der traditionellen Praxis der Säuglingstaufe, das in der Reformationszeit belegt ist, datiert auf den 16. Dezember 1521 und steht im Zusammenhang mit Entwicklungen in der am Rande des Erzgebirges gelegenen sächsischen Gewerbestadt Zwickau. An diesem Tag nämlich forderten der Rat und die Geistlichkeit Zwickaus die Anhänger des Tuchknappen Nik[o]la[u]s Storch[/k] und des ihn einst fördernden Pfarrers Thomas Müntzer, der im April des Jahres der Stadt verwiesen worden war, auf, sich «wegen etzlicher irrigen stück, nämlich die tauf und den ehestand belangende», zu verantworten. Während es bei dem zweiten Verhandlungspunkt wohl um sexualasketisch bedingte Verweigerungen der «Ehepflichten» der Frauen ging, dürfte es sich bei dem ersten um die Kindertaufe gehandelt haben. Dies jedenfalls ergibt sich aus Gesprächen, die Philipp Melanchthon am 27. Dezember 1521 mit dem aus Zwickau geflohenen Storch, dem gemeinsam mit diesem reisenden ehemaligen Wittenberger Studenten Marcus Thomae, genannt Stübner, und einem weiteren Tuchknappen unbekannter Identität geführt hat. Gegenüber dem kursächsischen Hof berichtete Melanchthon, dass man insbesondere über die Taufe der Kinder und den «fremden Glauben» *(fides aliena)* gesprochen habe; letzterer bezeichnet den stellvertretend für die unmündigen und unverständigen Kinder eintretenden Glauben der Eltern und Paten bzw. der Gemeinde.

Stübner hatte sich für seine gegenüber der Kindertaufe ablehnende Position auf Luther berufen; vermutlich spielte er damit auf dessen *Sermon von dem heiligen hochwürdigen Sakrament der Taufe* vom Herbst 1519 an, in dem der Wittenberger Reformator die Taufe als wechselseitiges Bündnis zwischen Gott und dem Gläubigen dargestellt und keine expliziten Argumente zugunsten der traditionellen Säuglingstaufe angeführt hatte. In

De captivitate Babylonica, seiner gegenüber der römischen Kirche schärfsten Sakramentsschrift vom Herbst 1520, in der er nurmehr Taufe und Abendmahl als die von Christus eingesetzten, insofern einzig biblisch legitimierten Sakramente anerkannt hatte, behandelte Luther die Taufe allerdings als im Kern unversehrt. Auch unter dem Papst habe Gott die einfältigen, kleinen Kinder der wahren Religion zugeführt und durch sein Wort geheiligt. Ansonsten rückte er die göttliche Verheißung (Mk 16,16) «Wer da glaubt und getauft wird, der wird selig werden» ins Zentrum seiner Taufauffassung. Dem Glauben schrieb er die entscheidende Bedeutung bei der Wirkung des Sakraments zu. Stübner hatte Luther vermutlich so verstanden, dass dieser als Subjekt des Glaubens einen vernunftbegabten, entscheidungsfähigen Menschen, also kein Kleinkind, gemeint habe. Von der Vorstellung, der mangelnde Glaube des Säuglings werde durch einen «fremden Glauben» vertreten, hielt Stübner nach Melanchthons Nachricht natürlich nichts.

Melanchthon blieb von den Einwänden, die der ehemalige Adept seiner Universität gegen die Kindertaufe vorgebracht hatte, nicht unbeeindruckt – die Position der führenden Gelehrten der Wittenberger Fakultät in der Tauffrage war offensichtlich zu diesem Zeitpunkt noch keineswegs geklärt. Die Argumente Augustinus', der sich vor allem auf die vorgängige kirchliche Tradition berufen hatte, überzeugten Melanchthon nicht. Selbst in Bezug auf «göttliche Gespräche», also unmittelbare Offenbarungen im Geist, die Storch und Stübner für sich in Anspruch nahmen, war Melanchthon unsicher. Angesichts dessen, dass man sich auch im Wittenberg der frühen 1520er-Jahre dem Ende der Geschichte nahe wähnte, an dem es ja zur Ausgießung des Heiligen Geistes auf die Unmündigen kommen werde (Joel 3,1), erschien es als wichtigste Aufgabe, die Geister zu prüfen.

Doch wer war dazu in der Lage außer dem von Gott gesandten Schriftausleger, Doktor Martinus?! Deshalb drängte Melanchthon darauf, dass Luther aus seinem Versteck von der Wartburg geholt und um sein Urteil über die erweckten Laien – die erste derartige Gruppierung der Reformationszeit, von der wir wissen – gebeten werden sollte.

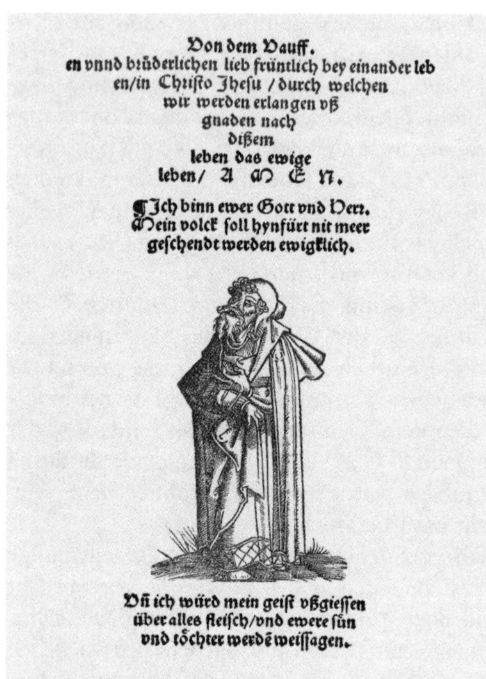

Von dem Tauff.
en vnnd brůderlichen lieb früntlich bey einander leb
en/in Christo Jhesu / durch welchen
wir werden erlangen vß
gnaden nach
dißem
leben das ewige
leben/ A M E N.

¶ Ich binn ewer Gott vnd Herr.
Mein volck soll hynfürt nit meer
geschendt werden ewigklich.

Vñ ich würd mein geist vßgiessen
über alles fleisch/vnd ewere sün
vnd töchter werdē weissagen.

Der Prophet Joel verkündet die endzeitliche Geistausgießung: Seite aus Clemens Zieglers Buch *Von der Nießung beid Leibs und Bluts Christi,* Straßburg 1524

Weder Luther noch Kurfürst Friedrich machten sich jedoch Melanchthons Bedenken zu eigen und folgten seinem Plan. In der Frage der Kindertaufe solle man getrost eher dem Kirchenvater Augustinus vertrauen als diesen obskuren Leuten, von denen sich die Herren Professoren besser fernhielten, meinte der Fürst. Und Luther, der den skurrilen Besuchern in seinem Antwortbrief an Melanchthon vom 13. Januar 1522 die wirkungsreiche Bezeichnung «Zwickauer Propheten» verpasste, wies den Einwand, die Kinder glaubten nicht, zurück. Dies sei nicht beweisbar; Gott könne nämlich in den Kindern Glauben wirken und erhalten, ohne dass irgendjemand dies wahrnehme. Auch von Melanchthons Kritik an Augustinus wollte der Augustinereremit auf der Wartburg nichts wissen. Seines Erachtens sprach die einhellige Taufpraxis der Kirche für sich. Interessanterweise nahm Luther die Auseinandersetzung um die Kindertaufe als einen Konflikt wahr, den Satan «unter uns selbst und zwischen den Unsern» angezettelt habe. Dass die Anfänge des Täufertums in der in sich vielfältigen Reformation selbst wurzelten, ist nicht zu bestreiten.

Aus weiteren Quellen vor allem des Jahres 1522 geht hervor, dass man in Zwickau ebenso wie im Wittenberg Luthers davon überzeugt war, dass der ehemalige Pfarrer *Thomas Müntzer* als der eigentliche Urheber einer gegenüber der Kindertaufe kritischen Lehre zu gelten habe. Luther sprach deshalb in einem Brief von der «Lehre des Thomas bezüglich der Taufe der Kinder» *(dogma Thomę de baptismo infantium)*. Ausgehend von Mk 16,16 hatte Müntzer nicht nur einem taufenden Kleriker die Macht abgesprochen, durch einen äußerlichen Ritus Heil zu wirken, sondern auch darauf gedrängt, die Kinder erst in einem vernunft-, entscheidungs- und erinnerungsfähigen Alter, etwa mit sechs oder sieben Jahren, zu taufen. In seiner Anfang 1524 gedruckt vorliegenden Schrift *Protestation oder Entbietung ... seine lere betreffende ... von dem rechten Christen Glauben und der Taufe* wies Müntzer das Ansinnen, «unmundige kinder zu Christen» zu machen, als Zerstörung des rechten Sinns der Taufe von sich. Luther warf ihm deshalb im Juli 1524 öffentlich vor, «die leypliche tauffe im wasser» schlichtweg zu «verwerfen», ja die Sakramente der Taufe und des Abendmahls aus spiritualistischen Motiven abzuschaffen. Auch wenn nicht nachgewiesen werden kann, dass Müntzer seine Kritik an der kirchlichen Tradition in einer entsprechenden Taufpraxis aktualisierte, haben die historiographischen Konstruktionen, die die Anfänge des Täufertums mit seiner Person verbinden, eine gewisse Berechtigung.

Manches deutet darauf hin, dass *Niklas Storch* und die Seinen Vertreter der vorreformatorischen «Ketzerei» der Waldenser gewesen sind, die sich in Zwickau subkutan gehalten hatten und durch Müntzers Verkündigung gleichsam «erweckt» und zu einer Art apostolischen Wandermission stimuliert worden waren. Bei einem Besuch Storchs bei Luther soll sich dieser nach Erinnerung des Wittenbergers ungemein leichtfertig über die

Taufe geäußert haben: Es sei lächerlich, dass eine Handvoll Wasser die Menschen retten könne. Diese in Bezug auf den eigentlichen Tauftermin eher indifferente Position dürfte zu einem untergründig heterodoxen Milieu passen, das aus schierer Überlebensnotwendigkeit heraus gewohnt war, sich äußerlich in die römische Sakramentskirche einzupassen, innerlich aber eine selbstverständliche und tiefgreifende Distanz wahrte.

Spätere Historiographen machten Storch zum Haupt einer sich separierenden «secta», die die Erwachsenentaufe praktizierte. Ein entsprechendes Verhalten des Laienpropheten ist aber nicht nachweisbar. Der aus seiner Heimatstadt Zwickau Vertriebene, der zeitweilig einen Landsknechtsrock trug, in den Bauernkrieg verwickelt war und später wieder als Tuchmacher im vogtländischen Hof nachgewiesen werden kann, scheint zwar mehrfach kleinere religiöse Gruppen um sich geschart, aber keine stabileren freikirchlichen Strukturen aufgebaut zu haben. Sieht man im Vollzug einer Mündigentaufe und im Aufbau einer sich separierenden Gemeinschaft «wahrer Christen» ein unverzichtbares Merkmal des Täufertums, dann gehören Storch und Müntzer allenfalls zu deren «Vorgeschichte».

Karlstadt in Wittenberg und Orlamünde

Eine weitere Gestalt der Wittenberger Reformatorenszene spielte in Bezug auf die Kritik an der Kindertaufe und die möglichen Anfänge des Täufertums eine schillernde, wohl nicht unwichtige, aber auch nicht ganz eindeutige Rolle: Luthers Kollege, früher Mitstreiter und – seit 1521/22 – schärfster Antipode im eigenen Lager: Andreas Bodenstein, genannt Karlstadt. Während Luthers Abwesenheit infolge des Wormser Reichstages und seiner anschließenden offenen Arrestierung auf der Wartburg (April 1521 bis Anfang März 1522) war Karlstadt im Zuge der sogenannten Wittenberger Bewegung, die auf biblisch begründete praktische Reformen in Universität und Kirche drängte, in eine Schlüsselposition hineingewachsen. Nach seiner Rückkehr von der Wartburg Anfang März 1522 war es Luther gelungen, Karlstadt auszugrenzen und für jene Maßnahmen der Wittenberger Stadtreformation – etwa Bildentfernungen, die Abschaffung der Messe, volkssprachliche Liturgien – verantwortlich zu machen, die er selbst entweder ablehnte oder für übereilt hielt. Dass Karlstadt vielfältige Verbindungen zu Müntzer und den «Zwickauer Propheten» unterhielt, ist gesichert. Für den ihm nahestehenden Gerhard Westerburg, einen aus Köln stammenden wohlhabenden Bologneser Doktor beider Rechte, der eine Schwester von Karlstadts Ehefrau geheiratet hatte, sind engere Verbindungen zu Stübner, Storch und dem zeitweilig in Wittenberg wirkenden Freigeist Martin Borrhaus-Cellarius nachgewiesen.

In den beiden wichtigsten Exponenten der frühen Wittenberger Reformation, Luther und Karlstadt, traten sich zwei konkurrierende Konzeptionen gleichsam prototypisch gegenüber: Während für Luther die wettinischen Territorialfürsten die entscheidende Instanz waren, die notwendige, biblisch legitimierte Reformen in behutsamer, die «Schwachen» schonender Manier umzusetzen hatte, sah Karlstadt die kommunale Gemeinde vor Ort in der Verantwortung, die nicht der biblischen Norm entsprechenden Zustände umgehend zu ändern. Eine ähnliche Konfliktkonstellation sollte sich rund zwei Jahre später zwischen Ulrich Zwingli auf der einen und dem Kreis um Konrad Grebel, dem Nukleus der Zürcher Täufergemeinde, auf der anderen Seite ergeben. Die Spannung zwischen obrigkeitlich-magistralen und gemeindlich-autonomen Reformationskonzeptionen bildet ein wichtiges Hintergrundmotiv bei der Entstehung des Täufertums.

Karlstadt zog sich seit Frühjahr 1522 nach und nach aus Wittenberg zurück und begann im Zuge der vertretungsweisen Übernahme einer Pfarrei in Orlamünde an der Saale, einige seiner reformatorischen Ideen umzusetzen. Neben der Entfernung der Bilder aus den Kirchen, der Beseitigung der Messgewänder, der Abschaffung der Messe und der Spendung des Abendmahls unter beiderlei Gestalt scheint Karlstadt auch die traditionelle Praxis der Säuglingstaufe eingestellt zu haben. Jedenfalls ergibt sich diese Folgerung aus dem Bericht seines Nachfolgers, der 1527 gegenüber dem kursächsischen Sekretär Georg Spalatin behauptete, dass es in Orlamünde etliche ungetaufte Kinder gegeben habe, die erst nachträglich getauft worden seien. Im Lichte eines Karlstadt zuzuschreibenden *Dialogus vom Tauff der Kinder* aus dem Sommer oder Frühherbst 1524 vertrat Karlstadt nicht die in späteren Täuferkreisen verbreitete Auffassung, dass als Säuglinge Getaufte sich im Erwachsenenalter einer Bekenntnistaufe zu unterziehen hätten. Ähnlich wie Müntzer lag ihm an einem Taufaufschub bis zu einem vernunft-, erinnerungs- und entscheidungsfähigen Alter der Kinder.

Die Orlamünder Reformmaßnahmen strahlten auf andere Ortschaften des Saaletals aus und wirkten auch in Jena nach, wo Karlstadts Vertrauter Westerburg lebte und sein ehemaliger Student Martin Reinhardt als Pfarrer amtierte. Daher kann man davon ausgehen, dass die von verschiedenen Akteuren verfochtenen, in disparaten Traditionen wurzelnden Infragestellungen der Säuglingstaufe in der mitteldeutschen Reformationslandschaft durchaus nicht unbekannt waren. Nach Karlstadts Vertreibung aus Kursachsen im September 1524, dem Bauernkrieg und Müntzers Verhaftung und Hinrichtung (27. Mai 1525) büßten die gemeindereformatorischen Prozesse in Sachsen und Thüringen und mit ihnen die frühen Alternativpositionen zur traditionellen Taufpraxis ihre Basis ein.

Zürich: Konrad Grebel und Felix Manz

Für die diffusen Konstellationen, in denen «die Täufer» entstanden sind, ist folgender Sachverhalt kennzeichnend: Im Frühherbst 1524, als Luthers Bruch mit Karlstadt einerseits, mit Müntzer andererseits definitiv und auch publizistisch bekannt geworden war, unternahm eine Gruppe von Dissidenten der von Zwingli geführten Zürcher Ratsreformation um den gelehrten Patriziersohn Konrad Grebel den Versuch, in einen näheren Kontakt zu den sächsischen Dissentern zu treten. Wir wissen davon durch ein einzigartiges Quellenstück: einen Brief, den die Grebel-Gruppe am 5. September 1524 an Thomas Müntzer geschrieben hat.

Dieser Brief, der seinen Adressaten niemals erreichte, enthält aufschlussreiche Informationen über das Selbstverständnis der ehemaligen Zwingli-Anhänger, ihre Wahrnehmung der reformatorischen Entwicklungen im Reich und die Kommunikationsbedingungen der Zeit. Konrad Grebel, Andreas Kastelberger, ein aus Graubünden stammender Buchführer, Felix Manz, der humanistisch gebildete Sohn eines Zürcher Chorherren, Hans Oggenfuß, ein Schneider aus Stadelhofen bei Zürich, Bartlime Pur und Heinrich Aberli, zwei Zürcher Bäcker, Hans Hujuff, ein aus Halle an der Saale stammender, seit 1520 in Zürich ansässiger Goldschmied – dies waren die Namen der Briefunterzeichner, neben und hinter denen noch andere «Brüder» standen. Die Gruppe war durch Müntzers Schriften, unter anderem seine die Kindertaufe attackierende *Protestation*, auf das intellektuelle und reformatorische Profil des mitteldeutschen Dissenters aufmerksam geworden und hatte mancherlei Gemeinsamkeiten festgestellt. Hans Hujuff, zu dessen in Halle lebender Familie Müntzer Kontakte unterhielt, hatte ihn in Allstedt aufgesucht und seinen Genossen davon berichtet. Der erhaltene Brief dokumentiert also die Kontaktaufnahme mit einem Gleichgesinnten; Müntzer und Karlstadt seien bei ihnen als die «reinisten ußkünder und prediger deß reinisten götlichen wortes geacht». Im Verständnis des auf Früchte der Nachfolge angewiesenen Glaubens, in der Ablehnung der Kindertaufe und des «Schonens der Schwachen» sahen die Zürcher Laien Gemeinsamkeiten mit Müntzer. Hingegen wiesen sie seine aufwändig gedruckte, auch traditionelle liturgische Elemente enthaltende «Deutsche Messe», den offenbar in Allstedt praktizierten Gebrauch von Katechismustafeln im Kirchenraum, den Gesang im Gottesdienst und jede Form der Gewaltausübung durch «wahre Christen» als unbiblisch zurück. Insofern machten sie Müntzer gegenüber keinen Hehl daraus, was sie an ihm schätzten und wo er ihrer brüderlichen Zurechtweisung bedürfe.

Zudem teilten sie ihm mit, dass sie einen scharfen Brief an Luther geschrieben hätten; dieser ist nicht erhalten und hat ihn wohl auch nicht erreicht. Außerdem hatten sie Kontakt zu Karlstadt aufgenommen. Auch wenn diese Korrespondenz verloren ist, gibt es Anhaltspunkte dafür, dass in Karlstadts 1524 gedruckter Schrift *Wider die alte und neue papistische Messe* seine

Antwort an den Grebel-Kreis erhalten ist. Aus ihrem Brief an Müntzer geht hervor, dass die Zürcher hofften, er stimme mit Karlstadt überein; mit beiden wisse man sich im Kampf gegen die fahrlässigen Schriftgelehrten in Wittenberg einig. Karlstadt und Müntzer sollten sich konsequent aus den bisherigen Lebens- und Finanzierungsformen ihres geistlichen Standes lösen und «rein» werden. Von dem Zerwürfnis zwischen den beiden Wittenberger Apostaten, zu dem es wegen der Frage der Anwendung von Gewalt gekommen war – Karlstadt und seine Orlamünder Gemeinde lehnten sie als Mittel zur Durchsetzung auch von biblisch gebotenen Reformen kategorisch ab, Müntzer und die Allstedter hielten sie für legitim –, wussten die Zürcher Briefschreiber noch nichts. Es wurde erst im Sommer 1524 publik.

Das zentrale Thema der Zürcher Gruppe, die etwa ein Vierteljahr später die ersten Bekenntnistaufen vollziehen sollte, war freilich die Taufe. Die auch in den entstehenden reformatorischen Kirchen praktizierte Kindertaufe sei ein schriftwidriger, unsinniger, gotteslästerlicher Gräuel. Die kleinen Kinder würden nämlich um Christi Leiden willen ohne Taufe erlöst. Müntzer oder Karlstadt sollten gegen die Kindertaufe schreiben und den jeweils von Luther, den Zürcher, Straßburger und Nürnberger Reformatoren veröffentlichten Taufauffassungen entgegentreten. Wenn dies allerdings «nit gnugsam» sei, dann werde – so kündigten sie Müntzer gegenüber an – Konrad Grebel zur Feder greifen. Dass die Zürcher Laiengruppe ausgesprochen selbstbewusst agierte, über die reformatorischen Entwicklungen an vielen Orten umfassend informiert war, klare Überzeugungen vertrat und zu definitiven Abgrenzungen gegenüber all jenen «falschen Brüdern» bereit schien, die sich ihren apostolischer Ordnung (Mt 18,15–20) entsprechenden Ermahnungen versagten, war schon im Frühherbst 1524 unübersehbar.

Zu diesem Zeitpunkt hatte der Kreis um Konrad Grebel bereits einen längeren Prozess der schmerzhaften Trennung von Zwingli, dessen Pfarrerkollegen und Mitstreiter Leo Jud und den anderen Repräsentanten der Zürcher Ratsreformation hinter sich. Anfangs waren einige der späteren Täufer Zwinglis engste

Anhänger gewesen und schon an der Urszene der Zürcher Reformation, dem provokativen Wurstessen im Hause des Buchdruckers Christoph Froschauer in der Fastenzeit des Jahres 1522, beteiligt. Die gemeinsame Lektüre und Auslegung biblischer Texte bildete den Kern ihrer Zusammenkünfte. Bei Aktionen und Auseinandersetzungen der beiden folgenden Jahre waren Einzelne von ihnen als *Agents Provocateurs* hervorgetreten, die den kirchlichen Veränderungsprozess zu beschleunigen suchten. Die Entfremdung wuchs: Während sich Zwingli immer enger mit dem Zürcher Rat, der seinem Reformkurs Rückhalt gab, verband, drängten seine ehemaligen Genossen immer radikaler darauf, «unreine», d.h. biblischen Normen nicht entsprechende, Verhältnisse umgehend zu ändern. Über längere Zeit wähnten sie sich dabei in Übereinstimmung mit ihrem Meister; denn auch er hatte die Messe und die Bilder scharf attackiert und sogar die Praxis der Säuglingstaufe infrage gestellt. In einem Gespräch mit dem Waldshuter Pastor und später führenden Täufertheologen Balthasar Hubmaier soll Zwingli im Mai 1523 die Auffassung vertreten haben, dass die Kinder erst nach einer katechetischen Unterweisung, also in einem vernunft- und erinnerungsfähigen Alter, zu taufen seien. Ob er dies allerdings auch öffentlich vertrat, ist umstritten. Dass der Taufe als äußerem Ritus ebenso wenig wie dem Abendmahl eine Kraft innewohnen konnte, Heil zu wirken, war für Zwingli selbstverständlich.

Im Sommer 1523 wurden in der Stadt an der Limmat eine Taufordnung, die die traditionelle Kindertaufe in einen volkssprachlichen Ritus fasste, und eine nur behutsam reformierte lateinische Messliturgie in Gebrauch genommen – beides bescherte Zwingli Kritik aus den Reihen der «Radikalen». Im September 1523 kam es zu Angriffen auf Bilder und Kruzifixe. Ludwig Hätzer, ein ehemaliger Priester und brillanter Intellektueller, der sich mit literarisch-publizistischen Arbeiten durchschlug, verfasste eine scharf bilderfeindliche Schrift, die den Handlungsdruck erhöhte und weitere ikonoklastische Übergriffe auch außerhalb Zürichs zur Folge hatte. Es kam zu Verhaftungen und langfristigen oder dauerhaften Ausweisungen reformatorischer Provokateure aus dem Stadtgebiet.

In einer «Ersten Zürcher Disputation» fiel im Januar 1523 die grundsätzliche Richtungsentscheidung des Rates zugunsten Zwinglis. In der «Zweiten Disputation» (26.–28. Oktober 1523) ging es um die Bilderfrage und die Messe – nun wurde der Gegensatz zwischen dem Reformator und seinen radikalisierten Anhängern öffentlich. Grebel, Hubmaier und Simon Stumpff, Pfarrer in Höngg, sprachen dem Rat das Recht ab, die Beseitigung «unreiner» Riten und Praktiken zu verzögern. Daneben traten die radikalen Landpfarrer Stumpff, Reublin und Brötli gegen das traditionelle Pfründen- und Abgabenwesen, insbesondere den Zehnten, auf. Ihre Vorstellung, die Ortsgemeinden sollten als ökonomisch und politisch autonome Größen agieren, stand gegen die herrschaftlichen Interessen des Zürcher Rates.

Zwingli vertrat demgegenüber die Auffassung, dass es dem Rat durchaus zustehe, seine Herrschaft konsequent über die Gemeinden des Landgebietes auszuüben. Außerdem sei es legitim, dass die politische Elite der Stadt über das Tempo und die Mittel der notwendigen Reformen entscheide. Oberste Priorität besitze die nur durch einen starken Rat zu gewährleistende Vermeidung von «Aufruhr». Seine früheren Parteigänger sahen in dieser Haltung Opportunismus und Verrat an der Sache. Als dann der Zürcher Rat im Nachgang der «Zweiten Disputation» mit Zwinglis Zustimmung per Mandat anordnete, dass vorhandene Bilder in den Kirchen verbleiben, aber keine neuen aufgehängt werden sollten, und den Stiftern freigestellt wurde, «ihre» Bilder zu entfernen, verstärkte sich der Unmut des Grebel-Kreises und richtete sich gegen all jene, die die «Götzen» weiter duldeten.

Ähnlich wie Luther in Kursachsen hatten sich also auch in Zürich die Vertreter eines obrigkeitsgeleiteten, «magistralen» Reformationskurses mit dem Argument gegen die «Radikalen» aus den eigenen Reihen gestellt, dass man «Aufruhr» vermeiden müsse. Damit wurde der Richtungsstreit politisch: Der Anwendung repressiver und disziplinarischer Instrumente durch die weltliche Obrigkeit waren fortan Tor und Tür geöffnet. Dass die Ausgegrenzten in Nord und Süd einander suchten, verwundert nicht. Die Dissidenten in Mitteldeutschland und der Schweiz verband das Schicksal, von anfänglichen Gesinnungsgenossen zutiefst abgelehnt, verstoßen, dämonisiert und verfolgt zu werden. Für die sich etablierenden Reformatoren wiederum stellten sie die massivste Gefährdung ihres eigenen Werks dar.

Seit dem Frühjahr 1524 kam es in den zu Zürich gehörenden Dörfern Witikon und Zollikon zu Taufverweigerungen; dort wirkten die dem Grebel-Kreis verbundenen Pfarrer Wilhelm Reublin und Johannes Brötli. Reublin hatte einigen Kindsvätern eröffnet, dass man auch ohne Taufe ein rechter Christ werden könne. Von der Kanzel verkündigte er, dass, hätte er eigene Kinder, er diese erst in einem Alter taufen würde, in dem sie sich selbst ihre Paten aussuchen und ihren Glauben bekennen könnten. Die Pfarrer verweigerten die Kindstaufen nicht grundsätzlich, aber sie stellten den Familien den Aufschub bis in ein entscheidungsfähiges Alter als die theologisch plausiblere Alternative anheim.

Als der Zürcher Rat von diesen Entwicklungen erfuhr, ließ er Reublin verhaften und verhängte unter Androhung einer Geldstrafe den Taufzwang: Fortan waren alle Säuglinge und umgehend auch die noch ungetauften Kinder zu taufen. Zwinglis definitiver Bruch mit den Getreuen von einst folgte auf dem Fuße. In seiner scharfen Schrift *Wer Ursache gebe zu Aufruhr*, datiert auf den 28. Dezember 1524, bezichtigte er sie der politischen Verschwörung, warf ihnen vor, dass sie sich mit der Taufe an eine Äußerlichkeit hängten, Separatismus betrieben und das Christsein und die Ausübung politischer Herrschaft für unvereinbar erklärten. Zugunsten des traditionellen Taufalters führte er nun die Analogie zum alttestamentlichen Beschneidungsritus an. Außerdem – ein für Zwinglis Kirchenverständnis elementares Argument – sei allein durch die Kindertaufe gewährleistet, dass jedes Mitglied der politischen Gemeinde auch der Kirche angehöre.

Die vom Rat angeordneten Gespräche zwischen Zwingli und den Dissentern scheiterten. Felix Manz legte in einer schriftlichen *Protestation* Widerspruch gegen den Vorwurf des Aufruhrs ein und forderte, die Frage, ob die Kindertaufe biblisch sei, schriftlich zu erörtern. Einer mündlichen Verhandlung mit dem beschlagenen Disputator Zwingli, dem Rat und öffentliche Meinung an den Lippen hingen, wollte man ausweichen. Doch der Rat setzte eine Disputation am 17. Januar 1525 an: Diejenigen, die die «verirrte» Meinung verträten, dass kleine Kinder nicht zu taufen seien, sollten ihre Meinung auf der Basis der Bibel darlegen. Das Ergebnis war wenig überraschend und fiel im Sinne Zwinglis aus: Qua Ratsbeschluss wurde festgestellt, dass alle Neugeborenen binnen acht Tagen zu taufen seien. Im Falle einer Zuwiderhandlung wurde den obstinaten Familien die Ausweisung aus Stadt und Land Zürich angedroht. Vier Tage später untersagte der Rat den Zürcher Bürgern Grebel und Manz jede Fortsetzung ihrer bisherigen agitatorischen Betätigung; die Stadtfremden Reublin, Hätzer, Brötli und Kastelberger sollten Zürich innerhalb der nächsten acht Tage verlassen.

Am Abend dieses 21. Januar 1525 traf die Gruppe ein letztes Mal im Hause von Felix Manz zusammen. «Nach dem Gebet», so schildert die spätere Chronik des Täufers Kaspar Braitmichel in biblisch anmutender Weise, sei «Georg vom Hause Jakob» – gemeint ist Jörg, genannt Blaurock, ein ehemaliger Mönch aus Graubünden, der sich der Gruppe erst kürzlich angeschlossen hatte – aufgestanden und habe Konrad Grebel gebeten,

> daß er ihn taufen möge mit der rechten christlichen Taufe auf seinen Glauben und seine Erkenntnis. Und da er mit solchem Bitten und Begehren niederkniete, taufte Konrad ihn ... Als das geschehen war, begehrten die andern gleicherweise von Georg, daß er sie taufen solle, was er auf ihr Begehren auch so tat. Und sie ergaben sich so miteinander in hoher Furcht Gottes dem Namen des Herrn. Einer bestätigte den andern zum Dienst am Evangelium, und sie fingen an, den Glauben zu lehren und zu halten. Damit brach die Absonderung von der Welt und von ihren bösen Werken an.

Das Taufbegehren des Priesters Blaurock wurde offenbar spontan und angesichts einer deprimierenden Situation vorgetragen. Dass es sich an Grebel richtete, unterstrich dessen besondere Autorität in dem Kreis, manifestierte aber auch die im Allgemeinen Priestertum der Glaubenden implizierte Ermächtigung zu laikaler Sakramentsspende. War die vorangegangene Entwicklung keineswegs konsequent auf die Taufentscheidung zugelaufen, so stellte sie sich doch dadurch, dass die Tauffrage zum symbolischen Kern des Dissenses mit der Zürcher Ratsreformation und ihren Repräsentanten geworden war, als durchaus naheliegend dar. Die an diesem Januartag vollzogenen Taufen aus einem häuslichen Wasserkübel erfolgten in dem Bewusstsein, von der entstehenden reformierten Staatskirche Zürichs definitiv geschieden, ja verfolgt zu sein. Insofern inszenierte diese erste Bekenntnistaufe die Abkehr von einer verweltlichten Kirche, dokumentierte den Bruch mit den traditionellen Formen der Sakralität und inaugurierte die Zugehörigkeit zu einer separierten Heiligkeitsgemeinschaft, die in die Nachfolge der apostolischen Kirche eintrat.

Zugleich sind diese ersten Taufen wohl als quasi-amtliche Sendungsakte zu interpretieren: Die getauften «Erstlinge», die Zürich verlassen mussten bzw. nur noch außerhalb des Zürcher Herrschaftsgebietes agieren konnten, waren dadurch, dass sie getauft waren, zur missionarischen Ausbreitung ihrer Überzeugungen berufen. Insofern stellten die Taufen im Haus von Felix Manz faktisch das Initial zur Bildung einer eigenen religiösen Gemeinschaft dar, wobei die Zugehörigkeit zu dieser – in radikaler Inversion des Taufzwangs der Zürcher Staatskirche – auf Freiwilligkeit basierte. Dies schloss allerdings nicht aus, dass die rasch einsetzende täuferische Missionspropaganda zunächst prinzipiell jeden für das «wahre Christentum» zu gewinnen versuchte. Die Vorstellung, es sei den Beteiligten von vornherein primär um die Gründung einer minoritären Freikirche gegangen, ist anachronistisch. So sehr das Täufertum in einzelnen theologischen Motiven auch in die gärenden Formierungsprozesse der frühreformatorischen Bewegung zurückreichte – zu einem soziologischen Phänomen wurde es erst durch die rituellen Vollzüge am 21. Januar 1525, die eine neuartige religiöse Vergemeinschaftungsdynamik freisetzten.

2. Dramatische Aufbrüche und innere Widersprüche (ab 1525)

Zurück zur «wahren Kirche» des Anfangs: Massentaufen, Liebesmähler und Bußprozessionen

In den Wochen und Monaten nach den Ereignissen des Januar 1525 rückte das Dorf Zollikon bei Zürich mehr und mehr ins Zentrum der Entwicklung der jungen religiösen Bewegung, aber auch ins Visier der Obrigkeit. In einer Bauernstube in Zollikon soll es bereits am 25. Januar zur Zusammenkunft eines Lesekreises, zu weiteren Taufen und einer gemeinsamen Mahlfeier gekommen sein; Blaurock brach das Brot und schenkte den Wein in alltäglichem Trinkgeschirr aus. Der Ritus entsprach jener Form, die bei der «Zweiten Zürcher Disputation» als biblisch erkannt, deren umgehende Einführung aber seitens der Obrigkeit verweigert worden war. Dieser eigenverantwortliche Gebrauch der Sakramente spiegelte das Selbstverständnis der Täufer, die wieder auferstandene «wahre Kirche» des Anfangs in sichtbarer Gestalt zu repräsentieren. Die geistigen Führungsfiguren – Grebel, Blaurock, Reublin, Manz und Brötli – spielten bei der Sakramentsspende offenbar zunächst die entscheidende Rolle. Grebel stellte für seine Missionstätigkeit eine Bibelstellenkonkordanz zu den Themen Taufe und Glauben zusammen. Dadurch förderte er die Argumentationsfähigkeit der Bekehrten und regte katechetische Arbeiten anderer an. Blaurock machte durch provokative Aktionen auf sich aufmerksam, indem er ordentlich bestallten Amtsträgern ihre Predigtberechtigung absprach. Als täuferischer Missionar wirkte er weit in die Schweiz hinein und brachte das Täufertum auch nach Tirol.

Zwischen 1525 und 1527 entwickelte sich die täuferische Bewegung außer im Zürcher Landgebiet vor allem in der Ostschweiz, in Appenzell und St. Gallen. In den meisten ländlichen Gebieten, in denen es größere Missionserfolge gab, lassen sich

Verbindungen zu den Bauernerhebungen und zur Täuferbewegung in Zollikon und Zürich nachweisen. Nicht selten fungierten frühreformatorische Lesekreise aus Laien und einzelnen Klerikern oder Ordensleuten vor Ort als Nukleus täuferischer Gemeindebildungen. Gelegentlich kam es zu erweckungsartigen Massentaufen; in der Mitte des Jahres 1525 meldeten St. Gallen und Appenzell an die Zollikoner Täufergemeinde, dass mehrere Hundert Menschen getauft worden seien.

Eigenwillige Entwicklungen deuten nicht zwingend auf eine völlige Unabhängigkeit von der Missionspropaganda und dem Netzwerk des Grebelkreises hin, sondern gehen auf einzelne Führungspersönlichkeiten oder lokale Gegebenheiten zurück. In Appenzell etwa traten unter den Täufern enthusiastisch-libertinistische Praktiken auf, die manche Zeitgenossen verstörten. Sie setzten die mit der Taufe verbundene Veränderung, den Wandel vom Sündentod zum Leben, ihr dem Fleisch Abgestorben- und durch den Tod Hindurchgedrungensein (Röm 6; Hebr 4), in szenisches Handeln und vestimentäre Symbolik um: Nach einem durchaus parteilichen, aber im Kern zuverlässigen Bericht zogen einige Täufer schlechte, verschlissene Kleider an und streckten sich nieder, als ob sie tot seien; danach legten sie neue, schöne, luxuriöse Gewandungen zur Bezeichnung des neuen Menschen an. Dann zogen sie diese wieder aus, «das sy on alle scham zusamen fielend, die werk der hury so grob geübt … onangesehen junkfrowen oder eefrowen». Diese promiskuitiven Vereinigungen sollen in Wald und Flur stattgefunden haben, «damit sy sollicher ungestümer hitz mochten gnugsam nach lust und willen stattgeben». An extremen Erscheinungen dieser Art wird deutlich, dass der frühen täuferischen Bewegung Potenziale einer radikalen Inversion der bestehenden gesellschaftlichen, kulturellen, moralischen und politischen Ordnungen innewohnten.

Dass es den frühen Zürcher Täuferführern im Kern darum gegangen war, die ihres Erachtens auf halber Strecke stehengebliebene, durch übergroße «Staatsnähe» korrumpierte Reformation Zwinglis konsequent weiter- und das Christentum auf seine apostolische Ursprungsgestalt zurückzuführen, zeigte deutlich, dass die entscheidenden historischen und theologischen Wurzeln des Täufertums in der frühreformatorischen Bewegung selbst lagen. Doch nun trat, was ursprünglich zusammengehörte – magistrale und täuferische Reformation –, immer deutlicher auseinander. Es gab Hausversammlungen, missionarische Kampagnen, in apostolischem Stil gestaltete Briefe an die Brüder, dramatische Bekehrungen, die auch zu Taufen einzelner Frauen führten und Familien spalteten, emotionale Eruptionen, charismatische Manifestationen, bewegende Sündenbekenntnisse, die in Taufbegehren einmündeten – in Zollikon und Umgebung sollen es gleich zu Beginn des Jahres 1525 in wenigen Wochen rund achtzig Taufwillige gewesen sein –, an urchristliche Agape-Feiern, Liebesmähler, erinnernde spontane Gemeinschaftsspeisungen, strenge Gemeindezucht. All diese quellenmäßig zuverlässig überlieferten Phänomene deuten darauf hin, dass die heilige Frühzeit der Christenheit, die Urgemeinde, im Aufstieg des frühen Täufertums wieder da war. An einer Bußprozession der Zollikoner Täufer, die im Juni 1525 mit Frauen und Kindern in die Stadt Zürich zogen und «o we unnd derglich schrygen», wird deutlich, dass sie sich nicht einfach als «heiliger Rest» separierten, sondern die Gesellschaft als ganze wachzurütteln und zu verändern versuchten.

Die Schaffung einer sichtbaren Heiligkeitsgemeinschaft bildete in Zürich und andernorts das Ziel der frühen Gemeindegründungen. Man wollte Christus ernsthaft nachfolgen und eine rigorose Bannpraxis üben; an einigen Orten erreichte man damit viele. In St. Gallen löste der predigende Laie Eberli Bolt, ein Bauer oder Schiffer, einen gewaltigen Missionserfolg aus. Ende Mai 1525 wurde er dann im altgläubigen Kanton Schwyz ergriffen und verbrannt – der erste täuferische Märtyrer überhaupt. Auch in Basel lässt sich bereits 1525 eine Täufergemeinde nachweisen. Die anhaltenden Konflikte zwischen der katholischen Partei und den von dem Leutpriester Johannes Oekolampad geführten Anhängern der magistralen Reformation eröffneten den Täufern hier für einige Zeit vergleichsweise günstige Existenzbedingungen. Oekolampad trat den Täufern auch publizistisch entgegen, indem er aus der Geschichte der Alten Kirche und der Apostelgeschichte, die von der Taufe ganzer Häuser berichtet, die Legitimität der Kindertaufe zu beweisen versuchte. Ob, wo und in welcher Intensität Täufer verfolgt wurden, variierte stark. Die Zahl der Hinrichtungen in altgläubigen Territorien überstieg die in den reformierten deutlich.

Manche frühen Erfolge hatte das Täufertum in ländlichen Räumen, neben Zollikon etwa im Amt Grüningen, wo sich ein erhebliches Unbehagen gegen bestimmte Erscheinungsformen der Zürcher Ratsherrschaft aufgestaut hatte. Mit welcher Intensität sich die Opposition gegen Zwinglis Religionspolitik und der Kampf einiger Landgemeinden verschränkten, ist in der Forschung umstritten. Diese versuchten ihre Rechte gegenüber dem Rat zu stärken, die Leibeigenschaft aufzuheben, den eigenen Pfarrer selbst zu wählen, Abgabenlasten zu reduzieren oder Gewinne aus Klostergütern autonom in der eigenen Gemeinde zu verwenden. Ob das Täufertum, das zeitweilig zu einer Massenbewegung avancierte, primär aufgrund religiöser oder sozialrevolutionärer Motive erfolgreich war, ist gleichfalls umstritten. Da die dominierenden Quellenüberlieferungen von den Herrschenden stammen und der Tendenz folgen, den aufrührerischen Charakter der Täufer zu betonen, ist Vorsicht geboten. Die punktuelle Amalgamierung religiöser und sozialer Forderungen hervorzuheben kann jedenfalls nicht bedeuten, die einen gegenüber den anderen auf- oder abzuwerten. Manche Menschen fanden mit ihren sozialen, religiösen und existentiellen Bedürfnissen bei den Täufern Antworten, die ihnen das obrigkeitsgeleitete Kirchensystem vorenthielt.

Aufgrund seiner Erfahrungen bei einer weiteren Täuferdisputation (März 1525) stand für Zwingli unerschütterlich fest, dass seine Gegner die Taufe zur Legitimierung einer neuen Kirche missbrauchten und sich selbst für die Repräsentanten der einzig wahren Kirche hielten. Sie waren also Schismatiker und als solche zu bekämpfen. Im folgenden Jahr, am 6. März 1526, erließ der Zürcher Rat ein Mandat, das die Wiedertaufe unter Todesstrafe stellte. Neun Monate später wurde Felix Manz, der aus seiner Heimatstadt geflohen war und in Schaffhausen und Basel missioniert hatte, von einem Zürcher Landvogt verhaftet und am 5. Januar 1527 – unter Anwendung des Prinzips der «spiegelnden Strafe» – als erster Täufer in der Limmat ertränkt.

Balthasar Hubmaier in Waldshut und Nikolsburg

Zum prominentesten Theologen des frühen Täufertums entwickelte sich Balthasar Hubmaier. Mit seinem Wirken verbindet sich der historische Sonderfall einer – freilich sehr kurzlebigen – täuferischen Stadtreformation: Im Herbst 1524 war in dem nahe des Argau gelegenen vorderösterreichischen Waldshut am Rhein, wo Hubmaier seit 1520 Prediger an der St. Marien-Kirche war, eine an den Zürcher Erfahrungen orientierte Reformation durchgeführt worden. Die Bilder hatte man aus den Kirchen entfernt, die Messe reformiert. Dann begann der enger mit Zwingli vertraute Hubmaier, ein Ingolstädter Doktor der Theologie, sich intensiver mit der Tauffrage zu beschäftigen. Schon bald stand für Grebel fest, dass Hubmaier einer der Ihren war. Im Januar 1525 kam der Täufermissionar Wilhelm Reublin nach Waldshut und führte einige Erwachsenentaufen durch. Hubmaier selbst ließ sich dann zu Ostern 1525 von ihm taufen. In kürzester Zeit sollen in der Stadt dreihundert Taufen durchgeführt worden sein; Bürgermeister und Rat waren darunter. Hubmaier taufte auch selbst. Schließlich war die Mehrheit in Waldshut täuferisch geworden, aber die Nicht-Taufgesinnten durften bleiben.

In den militärischen Auseinandersetzungen des Bauernkriegs trat Hubmaiers Waldshut dann auf die Seite der aufständischen Bauern und zahlte dafür einen hohen Preis: Nach der Besetzung durch habsburgische Truppen (5. Dezember 1525) wurde die Stadt rekatholisiert. Hubmaier gelang die Flucht nach Zürich, wo er aber seines täuferischen Bekenntnisses wegen in Haft geriet. Erst im Frühjahr 1526, nach einem öffentlichen Widerruf, konnte er Zwinglis Wirkungsstätte verlassen. Seit Sommer 1526 hielt er sich dann im mährischen Nikolsburg (Mikulov) auf, wo er mit Unterstützung des Landesherrn Leonhard von Liechtenstein und der örtlichen Geistlichkeit – des Pfarrers Johannes Spittelmaier, des Predigers Oswald Glaidt und des ehemaligen

Die Ertränkung des Felix Manz in der Limmat am 5. Januar 1527. Kolorierte Zeichnung in einer Abschrift der Reformationsgeschichte Heinrich Bullingers

Olmützer Weihbischofs Martin Gröschl – in der Stadt und der Herrschaft eine täuferische Reformation durchführen konnte. Doch auch dieses Projekt endete jäh, als Ferdinand von Österreich Hubmaier im Juli 1527 gefangen nehmen und deportieren ließ. Acht Monate später, am 10. März 1528, wurde der einflussreichste Publizist des frühen Täufertums wegen Aufruhrs und Ketzerei in Wien verbrannt.

Die Experimente von Waldshut und Nikolsburg, bei denen es zeitweilig gelang, die weltlichen Obrigkeiten in den Dienst einer täuferischen Stadt- bzw. Territorialreformation zu nehmen, zeigen, wie breit das Spektrum des aus den Zürcher Anfängen herausgewachsenen Täufertums war: Von Anbeginn an rangen quietistisch-weltentsagende und revolutionär-weltverändernde Mentalitäten miteinander. Neben der Absage an jede Gewaltausübung durch einen «wahren Christen» stand die Bejahung militanter Droh- und Kampfgebärden. Auch die Affirmation eines obrigkeitlichen Reformationsrechts *(ius reformandi)* in den Diensten einer täuferischen Programmatik war möglich. Diese Unterschiede auf die Individualitäten eines Felix Manz einerseits, eines Konrad Grebel andererseits zurückzuführen, ist methodisch problematisch und historisch kaum wahrscheinlich. Die innere Polarität, Spannkraft und Widersprüchlichkeit des frühen Täufertums aber hat als ein wesentlicher Grund seiner ausstrahlenden Dynamik zu gelten.

Das Schleitheimer Bekenntnis

Gleichzeitig stand der innere Zusammenhalt der Täuferbewegung auf dem Spiel. Ihre Gründerfiguren fehlten früh, Grebel starb im Sommer 1526 an der Pest, Manz wurde 1527 hingerichtet. Vielfältige Positionen und Differenzen sorgten für Unruhe – etwa zur Obrigkeit, zum Eid, zur Gewalt, zum Bann, zum Verhältnis von Bibelwort und Geist. Dazu kamen die Erfahrungen von Verfolgung und Not. Vor diesem Hintergrund regten sich nun stabilisierende Kräfte, wobei eine zentrale Rolle *Michael Sattler* zufiel. Der ehemalige Benediktinermönch aus St. Peter im Schwarzwald hatte sich in Zürich den Täufern angeschlossen und seit 1526 maßgeblich beim Aufbau einer Täufergemeinde in Straßburg mitgewirkt. Aufgrund von Konflikten mit den evangelischen Predigern, insbesondere Martin Bucer, die v. a. das Verhältnis zur politischen Ordnung betrafen, war es zur Ausweisung von Täufern aus der elsässischen Reichsstadt gekommen. Sattler entschied sich, seinerseits Straßburg zu verlassen. Wohl auf sein Betreiben hin kam es im Februar 1527 zu einem Treffen von Vertretern verschiedener Schweizer Täufergruppen im schaffhausischen Schleitheim.

Dort einigte man sich auf sieben Artikel, deren Abfassung vermutlich in den Händen Sattlers lag. Darauf deutet auch der erste, unfirmiert bei Peter Schöffer d. J. in Worms, dem zeitweilig wichtigsten Drucker der devianten Geister, erschienene Druck hin, der die Artikel zusammen mit einem Sendbrief Sattlers an die Gemeinde in Horb und einem Bericht über sein Martyrium (20. Mai 1527) in Rottenburg publizierte. Die rasche und breite handschriftliche Rezeption, die die Lehrartikel der «Brüderlichen vereynigung» erfuhren, verdeutlicht, dass diesem *Schleitheimer Bekenntnis* eine zentrale normative Bedeutung für die weitere Geschichte v. a. der süddeutschen und der schweizerischen Täufergemeinden zukommen sollte.

Die sieben Artikel, Taufe, Bann, Abendmahl, Separation, Pastorenamt, Schwert und Eid betreffend, stellen keinen vollständigen Katalog täuferischer Lehre dar, sondern behandeln lediglich diejenigen Themen, die in der damaligen Situation besonders aktuell und umstritten waren. Ein Begleitschreiben an die Gemeinden distanzierte sich von «falschen Brüdern», die sich der «geylheyt unnd freiheyt des fleyschs» ergeben hätten, womit wohl die «Appenzeller» gemeint waren. Hinsichtlich der Taufauffassung wurde der enge Zusammenhang von Glaube, Taufe und sittlichem Lebenswandel betont und die Kindertaufe als «höchste[r] und erste[r] grewel» des Papstes bezeichnet. Eine im Vergleich zu den anderen Artikeln auffällig lange Liste mit Bibelstellen unterstrich die identitätsbildende, auch für missionarische Aktivitäten zentrale Bedeutung der Glaubenstaufe. Durch die exponierte Stellung der Gemeindezucht wurde eingeschärft, dass das verbindliche Miteinander in der abgesonderten Gemeinschaft die strenge wechselseitige Sozialdisziplinierung ihrer Mitglieder (nach Mt 18,15–17) einschloss. Für das «brotbrechen» war die Gedächtnis- und Gemeinschaftsfunktion bzw. die vollkommene gemeindliche Teilhabe am Leib Christi entscheidend. Die «absunderung» von der Welt wurde dualistisch-apokalyptisch intoniert: Die Welt sei vom Bösen durchdrungen; die heilige Schar der wahrhaft Glaubenden, von der Welt verfolgt, könne sich nur durch vollständige Separation rein erhalten. Das Hirtenamt wurde konsequent in Bezug auf die Gemeinde konzipiert: Sie berufe und besolde einen Prediger, der lehrt, tröstet und ermahnt; er unterliege ihrer Zucht und stehe in, nicht über der Gemeinschaft. Im Artikel über die Obrigkeit schlug die dualistisch-apokalyptische Weltsicht erneut durch: ein wahrer – täuferischer – Christ könne kein politisches oder richterliches Amt ausüben, da das Schwert «ausserhalb der volkommenheyt Christi» sei. Auch eine Selbstverteidigung etwa gegen die Türken – eine in den 1520er-Jahren ganz konkrete Bedrohung – kam nicht in Betracht. Im Anschluss an die Bergpredigt (Mt 5,33–37) wurde schließlich verbindlich festgelegt, dass ein Täufer keinen Eid schwören dürfe. Mit der in den Schleitheimer Artikeln formulierten Glaubens- und Lebensordnung hatten die Täufer gegenüber der zeitgenössischen Gesellschaft eine unüberwindliche Barriere errichtet.

Die Entwicklung, die das Täufertum in der Schweiz bis Schleitheim und darüber hinaus nahm, lässt prägende Einflüsse der sächsischen Radikalen kaum erkennen. Im Herbst 1524, nach der Ausweisung aus Kursachsen, war es zu persönlichen Begegnungen zwischen dem Grebel-Kreis und den prominentesten Dissentern der Wittenberger Reformation gekommen. Karlstadt war, seinem Schwager Westerburg folgend, nach Zürich gereist, um Grebel und seinen Kreis zu treffen. Dann hatten sich Karlstadt und Westerburg, wohl zusammen mit Manz und Kastelberger, nach Basel begeben und Karlstadts Abendmahlsschriften, die einen innerreformatorischen Streit auslösten, zum Druck gebracht, dazu einen Taufdialog aus seiner Feder. Dessen Drucklegung wurde jedoch durch eine Intervention des Basler Rates abgebrochen; er konnte erst 1527 bei Schöffer in Worms erscheinen. Karlstadt trat in dem Dialog für einen Taufaufschub bis zu einem Alter von etwa sechs Jahren ein. Ein nachhaltiger Einfluss Karlstadts auf die Entwicklung des Täufertums in der Schweiz ist aus diesen frühen Kontakten, wie es scheint, nicht entstanden.

Ähnliches gilt für Müntzer. Auch er war im Spätjahr 1524 in die Schweiz gereist; auch er hatte Basel besucht und im Dezember 1524 den dortigen Reformator Johannes Oekolampad sowie Ulrich Hugwald getroffen, einen heterodoxen Lehren zuneigenden humanistischen Intellektuellen und späteren Täufer. Dann war Müntzer im Klettgau und im Hegau, pulsierenden Aufstandsgebieten des Bauernkriegs, aufgetaucht. Wahrscheinlich wird er dort Hubmaier und einige der Zürcher Brüder, die den brieflichen Kontakt zu ihm gesucht hatten, getroffen haben. Weitergehende Impulse seiner mystisch-apokalyptischen Theologie sind aber unter den Schweizer Brüdern nicht zur Wirkung gelangt.

Erben der sächsischen Radikalen

Anders stellte sich Müntzers Bedeutung in Bezug auf Personen und kleine Gruppierungen dar, die von ihm beeindruckt waren und seinem Mühlhäuser Bund der Erwählten angehört hatten. Sie verarbeiteten die Enttäuschungen und Traumata des Bauernkriegs, indem sie sich nach der Niederschlagung des thüringischen Bauernaufstandes in der Schlacht von Frankenhausen in je spezifischer Weise dem Täufertum zuwandten, ja Müntzers Erbe transformierten und weitertrugen. Zu ihnen gehörten als wichtigste Akteure Hans Denck, Melchior Rinck, Hans Hut und Hans Römer.

Hans Denck, um 1500 in Oberbayern geboren, war nach dem Studium in Ingolstadt und Basel und nach Lehrjahren als Korrektor in der schweizerischen Druckmetropole durch Vermittlung Oekolampads als Schulmeister nach Nürnberg gekommen (September 1523). In der fränkischen Reichsstadt schloss er sich bald einem Kreis radikalerer Geister an, den sogenannten «gottlosen Malern»: den Dürerschülern Georg Pencz und den Brüdern Bartel und Sebald Beham. Sie lasen Schriften von Karlstadt und Müntzer und gingen – ähnlich dem Grebel-Kreis in Zürich – zum offiziellen Reformationskurs der Stadt auf Distanz. Denck wird radikal-reformatorisches Schrifttum auch durch Hans Hut, den mit Müntzer eng verbundenen Buchführer aus dem fränkischen Bibra, kennengelernt haben. Als sich Müntzer wegen der Drucklegung zweier seiner Schriften zwischen Ende Oktober und Mitte Dezember 1524 in Nürnberg aufhielt, traf er mit Denck zusammen. In polaren Gedankenfiguren, die zwischen Glaube und Unglaube, Licht und Finsternis, Schrift und Geist scharf unterschieden, auch in mystischen Motiven wie dem leidvollen Eindringen des Wortes Gottes in den Abgrund der Seele, wirkte Müntzersches Erbe in Dencks Gedankenwelt fort.

Nachdem Hans Denck seine Nürnberger Schüler aufgefordert hatte, den Ministrantendienst bei der Messe zu verweigern, geriet er ins Visier der Obrigkeit; auch die Verbindung zu den «gottlosen Malern» wurde ihm zum Verhängnis. Man nötigte ihm ein «Bekenntnis» ab, doch es bestand die Rechtgläubigkeitsprüfung durch die örtliche Geistlichkeit nicht. Im Januar 1525 wurde Denck entlassen und aus der Stadt gewiesen. Danach wird er in Mühlhausen, bei Müntzer, vermutet. Im Mai 1525 ist er in Schwyz nachgewiesen, wo er wegen seiner Kritik an der Kindertaufe in Gefangenschaft geriet. Im Juni sind Kontakte zu Täufern in St. Gallen belegt, wo er vielleicht Ende 1525 getauft wurde. Im folgenden Jahr ließ sich Denck in Augsburg nieder, wo er literarisch zu wirken begann. Als dort der gemäßigte, um Ausgleich bemühte Prediger Urbanus Rhegius und die städtische Obrigkeit auf ihn aufmerksam wurden, siedelte er nach Straßburg über. Doch nach einer öffentlich ausgetragenen Auseinandersetzung mit Bucer war auch hier seines Bleibens nicht länger.

Eine weitere Station des unsteten Vaganten Denck war Worms, wo er gemeinsam mit dem von dem Zürcher Grebel-Kreis geprägten Ludwig Hätzer eine Übersetzung der Propheten veröffentlichte und auf die Entwicklung des dortigen Täufertums um den Prediger Jakob Kautz Einfluss nahm. Denck und Hätzer griffen bei ihrer Übersetzung auf die Unterstützung von Wormser Rabbinern zurück; dies sollte eine der wenigen direkten Verbindungen zwischen Juden und täuferischen Intellektuellen bleiben. Im August 1527 ist Denck als Teilnehmer der sogenannten «Augsburger Märtyrersynode» bezeugt, einer größeren Täuferversammlung, die u. a. die Haltung zu den apokalyptischen Vorstellungen Hans Huts beriet. Im Oktober des Jahres schließlich floh er nach Basel, das seine letzte Station wurde. Hier fand er bei Oekolampad Zuflucht. Auf dessen Drängen hin verfasste er einen *Widerruf*, in dem er einige Auffassungen revidierte, zum Täufertum auf Distanz ging, seine Kritik an der Kindertaufe aber bekräftigte. Bald darauf starb er an der Pest. Postum gelangte der *Widerruf* in den Druck; die Initiatoren wollten mit diesem Text wohl vor allem für die Gewissensfreiheit des Einzelnen werben.

Dencks Gedankenwelt wirkte im Täufertum und in spiritualistischen Kreisen in mannigfacher Weise nach. In Anknüpfung an die mystische Tradition verortete er die unverfügbare Gegenwart Gottes im Inneren des Menschen. Das innere Wort beglaubige die Lehre Jesu in der Seele; durch die Schrift werde sie äußerlich bezeugt. Die stetige Kooperation mit dem sich innerlich vergegenwärtigenden Gott überwinde des Menschen Sünde und Bosheit; eine allgemeine Erlösung, die Transzendierung von Hölle und Zwietracht, die Rückkehr in die Einheit der Liebe Gottes bilde das Ziel der persönlichen und der universalen Heilsgeschichte. Obschon Denck zeitweilig wie die Täufer die äußere Taufe als Bekenntnis zur inneren Wiedergeburt respektierte, stand doch die innere Erfahrung des Wortes im Zentrum seines theologischen Denkens. Die Erwachsenentaufe als Äußerlichkeit zu relativieren, mithin das symbolische Erkennungszeichen des Täufertums schlechthin spiritualistisch zu transformieren, wie er es dann in seinem *Widerruf* tat, war kein Verrat an der Sache, sondern entsprach der Logik seines mystischen Ansatzes.

Impulse des intellektuellen Einzelgängers Denck strahlten auch auf *Melchior Rinck* (ca. 1493–1545?) aus, den wichtigsten hessischen Täuferführer. Denck hatte den humanistisch gebildeten Pfarrer und Müntzerverehrer nach der Schlacht von Frankenhausen, in der er als Hauptmann gekämpft hatte, zum Täufertum geführt. Gemeinsam mit Hätzer und ihm hatte Rinck dann Jakob Kautz in Worms täuferisch beeinflusst. In den späten 1520er- und frühen 1530er-Jahren gelangen Rinck einige Gemeindegründungen. Als sein Wirken auch nach Sachsen ausstrahlte, bekam er den Druck der weltlichen Obrigkeit zu spüren. Allerdings sah der hessische Landgraf von der Todesstrafe ab; stattdessen erhielt Rinck lange Haftstrafen. In seinem Wirken wurde die Transformation der mystisch-apokalyptischen Erwählungstheologie Thomas Müntzers in eine sich konsequent separierende, in der Zeit lebende freikirchliche Heiligkeitsgemeinschaft vollzogen.

Hans Huts Umgang mit dem Müntzerschen Erbe war von besonderer Art. Obwohl ihm nur eine kurze Wirkungszeit beschieden war, waren deren Folgen erheblich. Gebürtig aus der Grafschaft Henneberg, verdingte sich der im fränkischen Bibra ansässige Hut seit Beginn der 1520er-Jahre als wandernder Buchführer. Auf Touren zwischen Nürnberg und Wittenberg fand er Anschluss an die sächsischen Radikalen, neben Karlstadt besonders Müntzer. Unter dem Einfluss ihrer Lehren verweigerte er die Taufe seines dritten Kindes, was die Ausweisung aus Bibra zur Folge hatte. In der Schlacht von Frankenhausen (15. Mai 1525) kämpfte er mit Müntzer an der Seite der Bauern. Deren Niederlage deutete er, ähnlich wie sein Meister, als Folge ihres Eigennutzes. In den Täufern fand er nun jene wahrhaft Frommen, die die Bauern nicht gewesen waren. Zu Pfingsten 1526 taufte ihn Hans Denck in Augsburg.

Seine Mission fand Hut nun darin, zunächst in Franken, dann in Mähren und Österreich Menschen im Geheimen zu sammeln und durch eine sogenannte Versiegelungstaufe auf die nahe bevorstehende endzeitliche Reinigung der Christenheit und das Gericht über die Geistlichen und die Herren vorzubereiten. Die «Versiegelten» waren die 144 000 Heiligen der Johannesoffenbarung (Apk 7,4; 14,1.3), die Hut, der sich als der «Mann in leinenen Kleidern» (Dan 12,7; Ez 9,1–4) verstand, durch ein Kreuz auf der Stirn kennzeichnete: sie würden sich im Leid bewähren und am künftigen Gericht teilnehmen. Huts primäre Adressaten waren Veteranen des Bauernkriegs und deren Familien; Gemeinden gründete er nicht.

Seit Beginn des Jahres 1527 stand Hut im Fokus der Obrigkeiten, die in seinem Treiben die Vorbereitung eines neuerlichen Aufstandes sahen. Nun traten auch vermehrt Konflikte mit Täufern der schweizerischen Tradition auf. Im Mai 1527 stieß Hut im mährischen Nikolsburg mit Hubmaier zusammen, fand Gefolgschaft und zog Oswald Glaidt auf seine Seite. Hut akzeptierte Hubmaiers obrigkeitliche Täuferreformation ebenso wenig, wie dieser seine apokalyptischen Vorstellungen oder die Versiegelungstaufe anerkannte. Auch die im Sommer 1527 in Augsburg zusammenströmenden Täufer wurden von den rivalisierenden Deutungen der täuferischen Lehr- und Lebensart aufgewühlt. Hut erkannte an, dass er seine apokalyptischen Lehren geheim halten sollte; die Verweigerung des Eides und die Verwerfung des Schwertes als Merkmal der Separation hingegen akzeptierte er nicht. Mitte September 1527 wurde er in Augsburg verhaftet; bei dem Prozess kamen auch seine Verbindungen zu Müntzer ans Licht. Angesichts der drohenden Todesstrafe unternahm Hut einen Fluchtversuch, bei dem er einen Brand legte und sich eine tödliche Rauchvergiftung zuzog.

Anknüpfend an Müntzer war Huts mentale Welt von schärfstem Widerspruch gegen die evangelischen «Schriftgelehrten», die geistlichen Repräsentanten der magistralen Reformation, erfüllt. Er brandmarkte ihren «erdichteten» Glauben, der sich auf den stellvertretenden Sühnopfertod Christi verlasse und die wahre Nachfolge im Leiden, in der sich der Glaubende bewährt und Christus gleichförmig wird, verleugne. Hut sah den Weg zum Heil und zur Wiederherstellung der zerstörten Schöpfungsordnung im Leiden. Im «Evangelium aller Kreatur» (Mk 16,15), das durch alle Lebewesen «gepredigt» werde, erkannte er das Grundprinzip des Kosmos: So, wie die Kreaturen unter der Nutzung und Bearbeitung des Menschen zu leiden haben, so erlöst Gott den Menschen allein durch inneres oder äußeres Leiden. Die Taufe führt den Menschen in die Leidensnachfolge und eröffnet ihm jenes existentielle innere Wort, das dann das äußere Wort der Schrift zu verstehen ermöglicht.

Huts missionarische Unrast wurde von apokalyptischen Berechnungen angefacht, die die endzeitliche Reinigung der Christenheit und die Ausrottung der Gottlosen – der Geistlichen und der Herren – für den Sommer 1528 erwarteten. Der Termin ergab sich daraus, dass Hut die Hinrichtung der beiden Zeugen aus Apk 11,3–9 auf das Ende Müntzers und seines Mühlhäuser Mitstreiters Heinrich Pfeiffer im Mai 1525 bezog. Damit habe die dreieinhalbjährige (Dan 12,7; Apk 10,5f) Leidenszeit, die aber (nach Mt 24,22) verkürzt werden sollte, begonnen. Nun werde das Gericht an den Gottlosen vollzogen. Daran werde sich ein tausendjähriges Friedensreich der Gerechten anschließen. Die Aufnahme, Fortschreibung und Transformation der Hut'schen Endzeitkonzeption, die ihrerseits an die Stelle von Müntzers im Bauernkrieg erwartetem Gericht über die Gottlosen getreten war, wirkte in den nicht primär von den «Schweizer Brüdern» geprägten täuferischen Traditionen auf mannigfache Weise fort.

Eine Rezeptionsspur der Hut'schen Prophetie führt zu *Hans Römer.* Sein Name findet sich unter den Mitgliedern des von Thomas Müntzer beschlossenen «Ewigen Bundes» von Mühlhausen. Nach der Schlacht von Frankenhausen reiste der wohl seit Längerem mit Hut bekannte Kürschner ins fränkische Aufstandsgebiet. Sein Versuch, die Versprengten des Bauernkrieges zu sammeln, erhielt durch Huts Lehre ein klares Ziel: Römer wollte die für den Sommer 1528 erwartete Wiederkunft Christi und den Beginn seines Reiches dadurch vorbereiten, dass er die Gottlosen vernichtete. Als Bundeszeichen der Reichsgotteskämpfer, die sündlos und martyriumsbereit leben, die kirchlichen Sakramente meiden und auf Eigentum verzichten sollten, fungierte die mit einem Kreuz auf der Stirn gespendete Versiegelungstaufe. Ein spezielles Symbol – der Handschlag und die Anrede «Lieber christlicher Bruder» – diente den Genossen als Erkennungscode.

Römers Plan bestand darin, am Neujahrstag 1528 mit einer Schutztruppe von vierzig Mann in Erfurt einzuziehen und vor der Stiftskirche St. Marien zu predigen. Währenddessen sollten Komplizen die am Domberg gelegenen Kurien der Stiftsherren in Brand stecken und einen Tumult inszenieren. Dann, so der Plan, würden weitere bewaffnete Anhänger in die Stadt eindringen und die Geistlichen, die großen Hansen, die weltliche Obrigkeit abschlachten. Daraufhin würde ein ewiger Rat eingesetzt und die theokratische Täuferherrschaft in Erfurt, dem neuen Jerusalem, inauguriert. Von Erfurt aus sollte sich das endzeitliche Reich dann in alle Welt ausbreiten. Bereits sechs Jahre vor dem Münsteraner Spektakel (1534/35) war als Idee in der Welt, was dort, ungleich wirkungsreicher, realisiert werden sollte. Römers Anschlag auf die thüringische Hauptstadt war freilich auch ein Racheakt für Müntzers Tod; er verübelte den Erfurtern, dass sie ein militärisches Beistandsgesuch seines geistlichen Vaters ignoriert hatten.

Doch einige Wochen vor der Zeit wurde Römers Plan verraten. Der steckbrieflich Gesuchte floh nach Basel und zu den «Schweizer Brüdern», denen es wunderbarerweise gelang, seine Militanz zu bannen. Insofern zeigt Römers Weg, ähnlich wie der Huts oder Dencks, dass die in den späteren 1520er-Jahren polar auseinandergetretenen Varianten des Täufertums aufeinander bezogen und, jedenfalls zum Teil, auch füreinander offen blieben. Als sich der zur Gewaltlosigkeit bekehrte Laienprediger Römer später der alten Heimat näherte, verhaftete man ihn aus unbekannten Gründen in Göttingen. Nun holte ihn seine Vergangenheit ein. Nach einem verwickelten Prozess, in dem Vertreter des Erfurter Rats auf der Todesstrafe bestanden, wurde er im Mai 1535 in der evangelisch gewordenen Leinestadt hingerichtet. Auch weitere Hinrichtungen in Hessen und Thüringen zeugen von zeitweilig forcierten Verfolgungen. So wurde etwa Gretha Knoblauch, Witwe eines in Frankenhausen Gefallenen, 1533 in Sangerhausen im Vorharz exekutiert. Gegenüber den Aufrührern schlechthin – denn als solche galten die Täufer infolge des Bauernkriegs und im Angesicht des Münsteraner Spektakels (siehe Kapitel 3) – gab es kein Pardon.

3. Facetten des Täufertums bis zur Täuferherrschaft von Münster

Verfolgung bis zum Tod

Dass die «neue Sekte der Wiedertaufe» in den Fokus strafrechtlicher Verfolgung durch das Reich geriet, war vor allem der altgläubigen Reichstagsmehrheit und Ferdinand von Österreich, dem Bruder und Statthalter Kaiser Karls V., geschuldet. Im *Abschied des Speyrer Reichstages* vom 22. April 1529 wurde unter Berufung auf Bestimmungen des spätantiken römischen Kaiserrechts, das jede «Wiedertaufe» unter Strafe gestellt hatte, verfügt, dass alle «Wiedertäufer und Wiedergetauften» in «verständigem Alter», Männer wie Frauen, ohne vorhergehende Untersuchung durch «Feuer, Schwert oder dergleichen» hingerichtet werden sollten. Der Höhepunkt der Hinrichtungen von Täufern fällt in die Zeit zwischen 1525 und 1533. Von den insgesamt 845 Exekutionen, die im schweizerisch-oberdeutschen

Raum nachgewiesen wurden, fielen 80 Prozent in diese Periode; in den Jahren 1528/29 waren es allein 352. Der größte Teil dieser Ketzertötungen (85 Prozent) fand in «altgläubigen» Territorien statt, besonders den habsburgischen Ländern, den Territorien des Schwäbischen Bundes und im Herzogtum Bayern. Nur dort wurden Täufer auch systematisch verbrannt – der traditionelle Ketzertod. Hinrichtungen selbst derer, die widerrufen hatten, gab es gleichfalls allein in katholischen Territorien.

Auch Luther hatte sich nach einer Phase des Zögerns zu Beginn des Jahres 1531 der Empfehlung angeschlossen, die Melanchthon gegenüber dem sächsischen Kurfürsten Johann abgegeben hatte, dass nämlich die Täufer prinzipiell mit der Todesstrafe zu bedrohen seien, da sie «offentlich auffrurisch artikel» verträten: Sie lehrten, es sei unvereinbar, Christ zu sein und ein obrigkeitliches Amt innezuhaben, verpflichteten alle Christen zur Gütergemeinschaft, ließen keine Eide zu, akzeptierten keine Zinsen und missachteten das kirchliche Amt. Um den letzten Punkt hatte Melanchthon die Gründe, warum die Täufer zu töten waren, gegenüber dem Reichsrecht erweitert. Doch die Beharrlichkeit der Theologen, die protestantischen Territorien nach Maßgabe des Reichstagsmandats zur Anwendung der Todesstrafe gegen die «Wiedertäufer» zu drängen, hatte nur eingeschränkten Erfolg. Unter den Evangelischen, auf denen ja selbst der Ketzereivorwurf lastete, blieb die Scheu verbreitet, im Geiste des traditionellen Ketzerrechts die Todesstrafe zu verhängen. Vielleicht wirkte hier Luthers frühreformatorische Absage an die Tötung von Irrlehrern nach, die er noch 1528 öffentlich auch in Bezug auf die Täufer verboten hatte; vielleicht spielte auch das Bewusstsein eine Rolle, dass die Täufer aus den eigenen Reihen kamen. Die Ausweisung aus Stadt und Land galt den meisten evangelischen Ständen jedenfalls als die angemessenere Bestrafung. Als besonders «gefährlich», d. h. die bestehende Ordnung radikal gefährdend, wurden vor allem die von apokalyptischer Naherwartung erfüllten Formen des Täufertums angesehen, in denen Imaginarien der Vernichtung der Gottlosen und der Entstehung einer besseren Welt eine wichtige Rolle spielten. Unter ihnen kam den geistigen Erben Hans Huts und den Nachfolgern Melchior Hoffmans, den Melchioriten (siehe S. 55 ff.), die größte historische Bedeutung zu.

Anhand des Schicksals des Täuferführers *Augustin Bader*, der von den Behörden des habsburgisch dominierten Schwäbischen Bundes verfolgt, inhaftiert, verhört und im März 1530 hingerichtet wurde, lässt sich die Dynamik und Handlungslogik derer verdeutlichen, die einen gefährlichen Aufrührer dingfest machen wollten. Bader war ein Augsburger Weber und Anhänger Hans Huts geworden; zunächst leitete er die Täufergemeinde vor Ort. Nachdem das Pfingstfest des Jahres 1528, der von Hut prophezeite Beginn der Endzeitereignisse, folgenlos verstrichen war, trat Bader – wie andere Täufer in Süddeutschland auch – für eine Aussetzung der Taufe, ein Taufmoratorium, ein. Aufgrund besonderer Offenbarungen und unter Aufnahme kabbalistischer und messianischer Erkenntnisse gelangte Bader zu einer Neudatierung des Gerichts über die Gottlosen: An Ostern 1530 sollte es stattfinden. Bader separierte sich nun von seiner Augsburger Täufergemeinde und lebte mit einer kleinen Schar Getreuer auf Mühlen in Schwaben. Hier bereiteten sie sich auf die überwältigende «verenderung» vor: Die Türken, die im Frühherbst 1529 Wien belagert hatten, würden zurückkommen und die Gottlosen ausrotten. Bader sollte die Auserwählten durch seine Predigt sammeln. Mittels symbolischer Kleidungsstücke, die die Truppe verwendete, veranschaulichte man die bevorstehende Erhöhung des Bauern- und Handwerkerstandes zu herrschaftlichen Ehren. Baders Nachkommen würden im bald beginnenden Tausendjährigen Reich die erbliche Königswürde innehaben.

In geradezu hysterisch anmutenden Reaktionen verteufelten die Behörden des Schwäbischen Bundes Augustin Bader als Schlüsselfigur einer brandgefährlichen Verschwörung. In deren Zentrum stünden Ulrich von Württemberg, der außer Landes getriebene, seine Restitution vorbereitende Herzog, mit ihm bäuerliche Truppenverbände, aber auch und vor allem die Osmanen. Konkrete Straftatbestände konnten der Bader-Bande nicht nachgewiesen werden. Gleichwohl verdeutlichen die drakonischen Strafen, die an dieser Kleinstgruppe von Sonderlingen am Rande des Täufertums exekutiert wurden, dass die dramatischen Erfahrungen des Bauernkriegs tief saßen.

Zugleich beruhte die scharfe Reaktion der Mächtigen auf der zutreffenden Intuition eines inneren Zusammenhangs zwischen dem Scheitern des revolutionären Aufstands des ‹gemeinen Mannes› und bestimmten Entwicklungen innerhalb der Hut'schen Tradition. Denn hier wurden die Traumata der Bauernkriegsveteranen in apokalyptische Hoffnungsbilder einer besseren Welt transformiert. Sieht man, wie es die traditionelle Täuferforschung tat, im Grebel-Kreis, in Michael Sattler und den Schleitheimer Artikeln die genuine Ausprägung des Täufertums, gerät man bei Gestalten wie Hut oder Bader an dessen äußersten Rand.

Die Uttenreuther Träumer

Eine andere Gruppe, die das Scheitern der Hut'schen Prophetie vor allem mit den Mitteln außeralltäglicher Offenbarungen verarbeitete, entstand im fränkischen Missionsgebiet des ehemaligen Buchführers: die sogenannten Uttenreuther Träumer. Ihre Zusammenkünfte bestanden wohl vor allem darin, dass sich die Mitglieder der Gruppe ihre Visionen, Auditionen und Träume, die sie, wie es scheint, nach Phasen des Fastens durch eine «Stimme» erhielten, gegenseitig erzählten und auslegten. Dabei kann vorausgesetzt werden, dass man an volkskulturelle Traditionen anknüpfte, in denen Träumen eine prognostische Bedeutung für die Zukunft zukam. Ihre Träume galten den Uttenreuthern freilich als Interpretationsschlüssel zur Bibel; dem Dorfschmied *Hans Schmid* kam dabei eine zentrale Rolle als autoritativer Traumdeuter zu.

Infolge eines Befehls der «Stimme» begann man, unbeschadet bereits bestehender Ehen, neue, geistliche, durch den Heiligen Geist gewirkte und als sündlos verstandene Verbindungen einzugehen, durch die die Gruppe neue Mitglieder hinzugewann. Dass bei diesen durch den Geist initiierten Ehen die biblischen Ehehindernisse beachtet wurden, dokumentiert, dass die Träume mit der Schrift korrespondierten und bestimmte Aspekte des alttestamentlichen Gesetzes aktualisierten. Weil die geistlich neu Vermählten in der Hausgemeinschaft ihrer alten, «fleischlichen» Ehepartner verblieben, lösten sich die überkommenen sozialen Ordnungen nicht auf. Die geistliche Eheordnung aber diente dazu, eine vom Heiligen Geist erwählte, «reine» Familie der Auserwählten zu schaffen – das endzeitliche Gottesvolk nach Joel 3. Insofern stellte die durch Träume hergestellte neue Ordnung eine Art Zurüstung auf die bevorstehende apokalyptische Zeitenwende dar, die man sündlos, in geistlichen Ehen, die allein auf Geheiß des Heiligen Geistes vollzogen wurden, überstehen wollte. Als die Gruppe im Frühjahr 1531 aufflog, umfasste sie etwa sechzig Mitglieder, von denen bereits vierunddreißig neue, monogame geistliche Ehen eingegangen waren. Die Taufe bildete bei den Uttenreuther Träumern wohl nicht mehr als den Ausgangspunkt der Gruppenbildung; erst durch enthusiastische Erfahrungen, die freilich in ihrer Lebenswelt tief verwurzelt waren, entfaltete sie eine eigentümliche Dynamik.

Kürschner und Prophet: Melchior Hoffman

Auch bei der Entstehung und Entwicklung des wohl spektakulärsten Phänomens in der Geschichte der Täufer, des sogenannten Täuferreichs im westfälischen Münster, spielten Träume, Visionen und Offenbarungen immer wieder eine wichtige Rolle. Dies traf schon für den religiös-missionarischen Ausgangspunkt der schließlich nach Münster führenden Geschichte zu: den aus Schwäbisch Hall stammenden Kürschner Melchior Hoffman. Hoffman gehört zu den schillerndsten Gestalten der Reformationsgeschichte. In den frühen 1520er-Jahren war er aus seiner Heimat aufgebrochen und hatte sich nach Livland begeben. Dort predigte er gegen die weltliche Herrschaft der Bischöfe und gegen die Bilder. Auch wenn sein Auftreten eher an das Karlstadts erinnerte, distanzierte er sich von den «Schwarmgeistern» und ließ sich im Juni 1525 von den Wittenberger Reformatoren Martin Luther und Johannes Bugenhagen seine

Rechtgläubigkeit attestieren. Fortan trat er klerikalen Amtspersonen gegenüber als Träger des Heiligen Geistes auf, nahm besondere Fähigkeiten der Schriftauslegung – v. a. der Allegorese und der Typologie – für sich in Anspruch und entwickelte apokalyptische Zeitdiagnosen, die den Jüngsten Tag für das Jahr 1533 voraussagten. Den wahren Christen stehe eine Leidenszeit bevor.

Nachdem Hoffman den Dorpater Bürgermeister der Veruntreuung von Kirchengut bezichtigt hatte, wurde er ausgewiesen. Er begab sich nun nach Stockholm, sah sich aber wegen des Misstrauens des schwedischen Königs Gustav I. Wasa gegenüber seinen Endzeitvorstellungen bald zur Flucht genötigt. In dem vom dänischen König Friedrich I. regierten Schleswig-Holstein erhielt er nicht nur Asyl, sondern sogar eine kirchliche Stellung als Diakon in Kiel. Man übertrug ihm die Aufgabe, als Prediger das sich der Reformation öffnende Territorium zu bereisen. Sodann baute er in Kiel eine Druckwerkstatt auf, die allerdings nur im Jahr 1528 kurzfristig tätig war. Sie wurde ausschließlich zur Verbreitung seiner eigenen Schriften genutzt – außer einer knappen Matthäusauslegung handelte es sich um zwei Polemiken gegen den Magdeburger Theologen und Luthervertrauten Nikolaus von Amsdorf, der ihn als «falschen Propheten» bezeichnet hatte. Da Hoffman eine spiritualistische Abendmahlslehre vertrat, wurde er zu einer Disputation mit Bugenhagen und anderen Lutheranern genötigt. Sie fand im April 1529 in Flensburg statt und endete mit seiner Ausweisung; fortan galt er als Irrlehrer.

Hoffman stand nun in einem scharfen Gegensatz zum Luthertum. Auch der Wittenberger Dissident Karlstadt war aus Sachsen angereist, um ihn zu unterstützen; allerdings war er bereits vor der Disputation wieder des Landes verwiesen worden. Die näheren theologischen Verbindungen zwischen Karlstadt und Hoffman sind noch ungeklärt. Später traten die beiden mit einem in Straßburg gedruckten Bericht über die Flensburger Disputation an die Öffentlichkeit. Bei einer gemeinsamen Reise nach Ostfriesland gelang es ihnen, in Adelskreisen, etwa bei dem ehemaligen Kanzler des ostfriesischen Grafen Ulrich von

Dornum, Sympathien für die symbolische Abendmahlslehre sowie Unbehagen und Widerständigkeit gegen das Luthertum zu verbreiten.

Nach seiner Trennung von Karlstadt reiste Hoffman nach Straßburg, das aufgrund seiner liberalen Religionspolitik zum Zielort diverser Täufer und Nonkonformisten aller Art geworden war. Freilich stellte sich Hoffmans Verhältnis zu Bucer und den anderen Prädikanten in der elsässischen Reichsstadt schon bald als problematisch dar. In seinen Schriften lässt sich nun die Wirkung täuferischer und spiritualistischer, von Hans Denck, Ludwig Hätzer und Jakob Kautz beeinflusster Kreise nachweisen. Die Kindertaufe lehnte er jetzt ebenso ab wie die Luther'sche Vorstellung eines unfreien, ganz von der göttlichen Gnade abhängigen Willens. In Auseinandersetzung mit der Lehre des zeitweilig in Straßburg ansässigen schlesischen Edelmannes Kaspar von Schwenckfeld entwickelte Hoffman eine eigentümliche Christologie: Christus habe kein sündiges irdisches, sondern allein «himmlisches Fleisch» angenommen; wie Wasser durch ein Rohr laufe, so sei Christus durch Maria hindurchgegangen, ohne sich irgendwie mit der sündigen menschlichen Natur zu verbinden. Diese vor allem an die johanneischen Schriften anknüpfende Theorie hatte eine auf das Heil bezogene, also soteriologische Pointe: Nur weil Christus von aller Sünde rein gewesen sei, habe er durch sein Leiden zum Sühnopfer für die Sünden der Menschen werden können und sei die Kirche zu Heiligkeit und Reinheit fähig.

Von besonderer Bedeutung aber wurde für den predigenden Kürschner der Kontakt mit dem Tagelöhner und Holzfäller *Lienhard Jost* und dessen Ehefrau *Ursula*. Beide hatten – vorreformatorische mystisch-spirituelle Traditionen fortführend – über einen längeren Zeitraum hinweg Visionen erlebt. Hoffman schrieb diese nieder und publizierte sie. In diesen Traumbildern der Josts, von denen schwer zu entscheiden ist, wie viel von Hoffman selbst in ihnen steckt, spielte die Verarbeitung von Erfahrungen des Bauernkrieges, aber auch die Erwartung neuer drohender Auseinandersetzungen im Vorfeld der Wiederkunft Christi eine zentrale Rolle. Für die Präsentation der Visionen war ein an den Seher der Johannesoffenbarung erinnernder Sprachduktus charakteristisch, etwa:

> … hab ich [Ursula Jost] gesehen ein dürre heiden, die verbrandt von dem sunnen schein, und uff der selbigen heiden sahe ich ligen ein grosse schar toder menner. Darnach hab ich gesehen zwen steinen trög, die waren voll blut, und über disen beiden trögen, stund ein frawen bild, die selbige fraw vermischt dasselbige von einem trog ihn den anderen, und sprenget das selbige blut über die obgemelten todten menner.

So also, nicht anders als in der Frühzeit der Kirche, sprach Gott hier und heute zu seinen Getreuen. Doch diese Sprachform bedurfte einer Auslegung, wie sie nur ein Prophet vom Schlage Hoffmans bieten konnte. Unter dem Einfluss der Straßburger Propheten rückte auch in seiner Apokalyptik die Vorstellung einer Säuberung der Welt von den Gottlosen, insbesondere den altgläubigen «Pfaffen» und ihren evangelischen Widergängern, den «Schriftgelehrten», in den Vordergrund. Geführt von der Reichsstadt Straßburg und unter maßgeblicher Beteiligung der Täufer – auch solcher aus den Niederlanden –, so meinte Hoffman, werde bald ein theokratisches Gemeinwesen, eine irdische Herrschaft der Heiligen, entstehen.

In Hoffmans *Auslegung der Offenbarung des Johannes*, die im Frühjahr 1530 in Straßburg erschien, fand diese Lehre ihren umfassenden Ausdruck. Ein Titelholzschnitt (S. 56), der in den beiden klandestin hergestellten Drucken der Jost-Visionen und des Apokalypse-Kommentars verwendet worden war, zog die Aufmerksamkeit der Straßburger Zensoren auf sich. In der am unteren Bildrand dargestellten Anbetung der Hure Babylon, (Apk 17; mit päpstlicher Tiara) durch einen Monarchen meinten die verantwortlichen Ratspolitiker eine Schmähung des kaiserlichen Reichsoberhauptes zu erkennen. Als Hoffman dann auch noch, um keine Provokation verlegen, an den Straßburger Rat appellierte, dass man den Täufern eine Kirche überlassen solle, hielt man einen Haftbefehl gegen ihn für unumgänglich. Er entzog sich der drohenden Bestrafung durch Flucht.

Nun schloss sich eine Wirkungsperiode (1530–1532) in Friesland, Groningen, Deventer, Emden und den Niederlanden an, die sich als überaus folgenreich erweisen sollte. Hoffman gewann durch seine Missionspredigten viele Anhänger; auch seine Straßburger Gemeinde blieb ihm verbunden. Im Frühjahr 1533 kehrte er dann in die elsässische Reichsstadt zurück, denn hier würden bald, so war er gewiss, die apokalyptischen Endzeitereignisse einsetzen und Straßburg zum Neuen Jerusalem erheben. Doch Melchior Hoffmans Aufstieg zum Täuferkönig nahm ein jähes Ende: Der Reformator Bucer erkannte in den Melchioriten, seinen Anhängern, politische Umstürzler. Auf einer Synode wurde der predigende Kürschner wegen diverser Lehrirrtümer verurteilt; den Rest seines Lebens (gest. 1543) sollte er hinter Gittern verbringen.

Die Melchioriten und das Münsteraner Täuferreich (1534–1536)

Unter seinen niederländischen Anhängern erwartete man, dass Hoffman, der wiedergekehrte alttestamentliche Prophet Elia, nach einem halben Jahr freikommen und mit 144 000 (vgl. Apk 7,4; 14,1 ff.) wahrhaftigen Predigern, Aposteln und Heiligen aus Straßburg ausziehen werde, um die Gottlosen zu vernichten und das neue Jerusalem zu errichten. Doch noch vor Ablauf des halben Jahres erhob sich unter den Melchioriten im niederländischen Haarlem ein Bäcker namens *Jan Matthijs*, der sich als Henoch, der zweite der entrückten Propheten, die am Ende der Tage zurückkommen sollten, ausgab. Im Unterschied zu Hoffman-Elia, der ein zweijähriges Taufmoratorium verhängt hatte, ließ Jan Matthijs-Henoch seine Anhänger wieder taufen. Sodann schickte er apostolische Sendboten in verschiedene Orte. Die Emissäre, die Anfang 1534 in die westfälische Bischofsstadt Münster entsandt wurden – unter ihnen der spätere Täuferkönig Jan van Leiden –, stießen auf überraschend positive Resonanz. Nach und nach setzte nun ein Zug niederländischer Täufer nach Münster ein. Der weiterhin gefangene Hoffman und seine Prophetien gerieten in Vergessenheit; die

Außlegũg
der heimlichẽ Of-
fenbarung Joannis des
heyligen Apostels vnnd
Euangelisten.
Melchior Hoffman.
M. D. XXX.

Die Endzeit ist da: Titelblatt von Melchior Hoffmans Schrift *Außlegung der heimlichen Offenbarung Joannis*, Straßburg 1530

Botschaft, Münster, nicht Straßburg, werde das neue Jerusalem sein, das 1534 entstehe, breitete sich aus.

Dass Münster innerhalb weniger Wochen zu einer täuferischen Bastion wurde, war durch besondere Umstände begünstigt. Seit 1531 hatte *Bernhard Rothmann*, ein Kaplan am Chorherrenstift St. Mauritius, beeinflusst durch die Lektüre von Lutherschriften und eine Reise nach Württemberg und Straßburg, mit Erfolg für die reformatorische Lehre geworben. In weniger als zwei Jahren war Münster evangelisch geworden. Auch im Rat besaßen die Evangelischen bald die Mehrheit. Bis zum Spätsommer 1532 waren alle Pfarrkirchen der Stadt mit reformatorisch gesinnten Predigern besetzt, der Dom und die Klosterkirchen hingegen blieben katholisch. In einem Vertrag mit dem Münsteraner Stadtherrn, Bischof Franz von Waldeck, wurden die neuen Verhältnisse «bis zum Konzil» anerkannt.

Allerdings begannen sich Rothmanns theologische Auffassungen unter dem Einfluss der sogenannten Wasserberger Prädikanten, einer täuferisch-radikalreformatorischen Gruppierung, die aus dem Jülicher Land nach Münster eingeströmt war, dramatisch zu verändern – und dies sollte den niederländischen Täufern in die Hände spielen. Fortan bestritt Rothmann nämlich die lutherische Lehre von der leiblichen Gegenwart Christi im Abendmahl und die Berechtigung der Kindertaufe. Nicht zuletzt deshalb fiel die Idee der niederländischen Emissäre, dass Münster eine besondere heilsgeschichtliche Rolle zukomme, auch bei der Bevölkerung auf fruchtbaren Boden. Innerhalb weniger Tage ließen sich etwa 1400 Menschen taufen; manche schworen ihrem verweltlichten, unreinen Leben ab und verteilten – dem Vorbild der Urgemeinde folgend – ihren Besitz unter die Armen. Rothmann selbst empfing im Januar 1534 die Glaubenstaufe und warb um den Zuzug weiterer Anhänger aus benachbarten Städten. Vor allem aus den Niederlanden kamen täuferische Neubürger Münsters; Katholiken und Lutheraner begannen, sich aus der Stadt zurückzuziehen. Der Bischof, der die Entwicklungen mit Sorge beobachtete, drohte militärische Maßnahmen an, stärkte dadurch aber gerade den inneren Zusammenhalt der Erwählten. Bei Ratswahlen im Februar setzten sich die Taufgesinnten durch. Wer nicht bereit war, sich dem endzeitlichen Gemeinwesen durch Taufe einzufügen und dem Kampf gegen die Repräsentanten des gottlosen Ancien Régime anzuschließen, hatte die Stadt zu verlassen. Diejenigen, die sich erst unter dem Druck dieses Mandats taufen ließen, mussten sich einem stundenlangen öffentlichen Bußritual unterziehen, an dessen Ende der Prophet Gottes die Versöhnung offenbarte. Egalitäre Vorstellungen allgemeiner Gotteskindschaft wurden umgesetzt, indem das Privateigentum abgeschafft, Lebensmittelvorräte kommunalisiert und Besitzurkunden vernichtet sowie eine Armenversorgung eingeführt wurden.

Ende Februar 1534 war der Prophet Jan Matthijs in Münster eingetroffen. Nun wurde der Rat entmachtet, Münster nach biblischen, v.a. alttestamentlichen Ordnungskonzepten und gemäß seinen Offenbarungen umgestaltet. Ein aus zwölf Presbytern gebildetes kollegiales Leitungsgremium stand an der Spitze des endzeitlichen Stadtregiments. Am Tag des erwarteten Weltendes (4. April 1534) kam Jan Matthijs jedoch bei einer militärischen Operation vor den Toren der Stadt um. Nun setzte unter der Führung des Schneidergesellen Jan Beukelsz von Leiden, der sich durch Offenbarungen legitimiert hatte, die monarchische Umgestaltung des Gemeinwesens ein – nach dem Vorbild des davidischen Reiches. Im September 1534 ließ sich *Jan van Leiden* zum «König Israels» proklamieren, was als eschatologische Herrschaft über die ganze Welt verstanden wurde. Sein Königswappen zeigte zwei den Reichsapfel durchbohrende Schwerter, womit die in der Hand des Täuferkönigs vereinigten beiden Gewalten, die weltliche und geistliche, bezeichnet waren. Nach biblischen Vorbildern wurde ein höfisches Zeremoniell eingerichtet; Insignien, Rituale und eigene Zahlungsmittel ordneten die Herrschaft symbolisch und unterstrichen ihren universalen Anspruch. Jedes Mitglied des Gottesvolkes erhielt eine Münze als Erkennungszeichen, außerdem wurde sein Name in einer Liste verzeichnet. Gemeinsame Abendmahlsfeiern der ganzen Stadtbevölkerung auf dem Domplatz sollten die Hingabe- und Leidensbereitschaft füreinander und für das Projekt des endzeitlichen Gottesreichs stärken. Der Münsteraner Domhügel hieß nun Berg Zion; auch die Hauptstraßen und Tore erhielten die alten Namen des neuen Jerusalem. Die Gewänder des davidischen Königs waren aus dem abgelegten Priesterornat des vertriebenen Klerus geschneidert.

Zu den spektakulärsten Elementen der neuen Ordnung gehörten die Gütergemeinschaft und die schon im Sommer 1534 verordnete Polygamie. Letztere ist allerdings nicht als libertinistisches Phänomen misszuverstehen. Sie diente vor allem dazu, die biblische Vorgabe einer männlichen Herrschaft über jede Frau (Eph 5,22 f.) unter den Bedingungen eines dramatischen Frauenüberschusses (70 Prozent der ca. 8000 Bewohner) umzusetzen. Drakonische Maßnahmen, häufig Todesstrafen, die zumeist der dem König willig dienende ehemalige Bürgermeister *Bernhard Knipperdolling* vollstreckte, hielten die zwischen neuen und alten Machthabern austarierte Ordnung aufrecht.

Bald setzte eine zermürbende Belagerung durch Bischof Franz von Waldeck und seine Verbündeten aus Jülich-Kleve-Berg, Köln, Hessen und Kursachsen ein. Doch die äußere Bedrohung der Stadt steigerte das Erwähltheitsbewusstsein der Münsteraner Reich-Gottes-Krieger und deren inneren Zusammenhalt. Länger als ein Jahr, bis zum Juni 1535, hielt die Stadt, ungeachtet zahlreicher Entbehrungen, vor allem grausamem Hunger, der Belagerung stand. Dann fiel sie durch den Verrat zweier Überläufer, die einen Schlupfweg hinter die Mauern bekannt machten.

Nach dem Ende des «neuen Jerusalem» verbreitete die Propaganda der triumphierenden Sieger Gräuelnachrichten und Bilder, die es als Hölle auf Erden erscheinen ließen: Von Katzen, Hunden und Mäusen habe man sich ernährt; immerzu seien hungrige Menschen aus der belagerten Stadt geflohen. Ein böser, tyrannischer König habe sein unglückliches Volk verblendet. Die bischöfliche Siegerjustiz kannte kein Pardon und schärfte der Stadt auf alle Zeiten Untertänigkeit und Botmäßigkeit ein: Jan van Leiden, sein Rat Bernhard Krechting und Knipperdolling wurden gefangen gesetzt, gefoltert und monatelang verhört. Im Januar 1536 marterte man sie mit glühenden Zangen zu Tode. Ihre Leichname wurden weithin sichtbar und für alle

Zeiten abschreckend in Eisenkäfigen am Turm der Lambertikirche zur Schau gestellt (S. 61). Die bischöfliche Stadtherrschaft wurde restituiert, die Stadt auf Dauer wieder katholisch.

Militante Reste einer entgleisten Ideologie: Die Batenburger

Die lebhafte Publizistik der Gegner, die das Münsteraner Täuferreich begleitet, weithin bekannt gemacht und seinen Untergang kommentiert hat, bestärkte den auch durch das Reichsrecht festgestellten Zusammenhang zwischen Glaubens- bzw. Bekenntnistaufe und Aufruhr. In der Tat waren die traditionellen Herrschaftsverhältnisse in Münster in einer Radikalität verändert worden, wie sonst in der Reformationszeit nie mehr. Apokalyptische Imaginarien, utopisch-theokratische Phantasien von weither, volkstümliche Traumbilder des kleinen Mannes, der König wird, waren in Münster auf einzigartige Weise wirklich geworden. Das Täuferreich hatte offenbart, welche Leidenschaft, welchen Fanatismus ein apokalyptisch aufgeladenes täuferisches Christentum entfalten konnte. Die Laien, die in Münster die Ordnung einer endzeitlichen Bekenntnis- und Heiligkeitsgemeinschaft errichteten, überschritten die Grenzen des zeitgenössischen Ethos und der politischen Normen, verletzten Anstand und Scham und brachen geltendes Recht im Namen einer höheren, im Wort der Schrift und in Visionen geoffenbarten Gerechtigkeit. In der Geschichte der Reformation und im kollektiven Gedächtnis des Täufertums blieb Münster die Katastrophe schlechthin.

Bereits zu seinen Lebzeiten war Jan van Leiden auch unter den niederländischen Melchioriten umstritten gewesen. Seinem Appell zur Revolte gegen die habsburgischen Besatzer und zur Unterstützung der Münsteraner Täuferherrschaft waren nur wenige Landsleute gefolgt. Als seine Ankündigung, dass Münster zu Ostern 1535 befreit werde, nicht eintrat, hielten ihn viele für einen falschen Propheten. Einige der niederländischen Melchioriten wandten sich einem unehelichen Adelsspross namens *Jan van Batenburg* zu, der 1528, als Overijssel an die Habsbur-

Des Münsterischen
Königreichs vnd Widertauffs
an vnd abgang/Blůthandel vnd End/ Auff
Sambstag nach Sebastiani. Anno M.D.xxxvj.
❡ Ein gedechtnus wirdig Histori.

Die zu Tode gefolterten Führer des Täuferreichs am Turm der Lambertikirche: Titelseite der Schrift *Des Münsterischen Königreichs und Widertauffs an und abgang/Bluthandel und End*, Augsburg 1536

ger fiel, sein dortiges Amt als Bürgermeister verloren hatte. Unter seiner Führung entstand nun eine gewaltbereite Terrorzelle. Taufen praktizierten die «Batenburger» (oder *Zwaardgeesten*, das heißt Schwertgesinnte) nicht mehr; die Zeit der göttlichen Gnade sei vorüber, lehrten sie, die des apokalyptischen Zorns sei angebrochen. Gottes erwählte Schar, die in polygamen Verbindungen lebte, widersetzte sich raubend, brandschatzend, plündernd und mordend einer gottlosen Welt. Auch wenn Batenburg selbst 1538 hingerichtet wurde, hielten sich letzte Vertreter der in Münster eskalierten Ideologie bis ins letzte Drittel des 16. Jahrhunderts.

4. Freie Gemeinschaften jenseits der Gewalt (ab etwa 1530)

Die Motive akuter apokalyptischer Naherwartung, die unter den Anhängern Müntzers, Huts oder Hoffmans enorme Gewaltpotenziale mobilisiert und entfesselt hatten, traten in der weiteren Geschichte des Täufertums niemals mehr so dominierend auf wie in den späten 1520er- und frühen 1530er-Jahren. Fortan war es zumeist so, dass die Täufer selbst die Opfer von Gewalt wurden oder dezidiert pazifistische Positionen einnahmen.

In Täufergemeinden begegneten sich Menschen aus unterschiedlichen sozialen Schichten; für ein differenziertes soziologisches Gesamtbild freilich fehlen die Quellen. War das Täufertum anfangs ein städtisches Phänomen, so verlagerte es sich im weiteren Verlauf des 16. Jahrhunderts zusehends in ländliche Gebiete. Intellektuelle Prediger mit akademischem und humanistischem Bildungshintergrund begegneten vorwiegend unter den Täuferführern der Frühzeit, erlagen aber bald der Verfolgung. In der Schweiz, dem Elsass und der Pfalz wechselten sich Phasen relativer Duldung mit solchen scharfer Verfolgung ab; in Mähren und Holland herrschte überwiegend praktische Toleranz vor. Zahlreiche Disputationen insbesondere zwischen offiziellen Vertretern der Staatskirchen und Schweizer Brüdern trugen zur Ausformung eines spezifischen theologischen Profils bei. Mit ihrer Forderung nach religiöser Toleranz griffen sie nicht selten auf frühreformatorische Texte von Luther, Johannes Brenz und anderen Repräsentanten der magistralen Reformation zurück.

Neben dem religiösen Anspruch der Täufer, ein authentisches, christliches Leben in der Nachfolge ihres Herrn zu führen und sich deshalb von einer sündigen Umwelt absondern zu müssen, bestimmten die Erfahrungen von Bedrängnis, Gefahr, Martyrium, Flucht und Vertreibung ihre sozialen Verkehrs- und Interaktionsformen und die entsprechenden Überlebensstrategien. Diese waren – analog zur Etablierung stabiler, rechtlich fixierter, staatlich kontrollierter konfessioneller Kirchentümer im Ausgang der reformatorischen Bewegung – je länger, desto mehr darauf ausgerichtet, verbindliche, auch übergemeindliche Strukturen und dauerhaftere Lehr- und Lebensgestalten auszubilden.

Ähnlich dem Ordenswesen in der Kirchengeschichte des Mittelalters repräsentierten die täuferischen Gemeinschaften alternative religiöse Lebensstile; manche erinnern an Thomas Morus' 1516 publiziertes *Utopia* oder an theokratische Gesellschaftsentwürfe jener Zeit. Die wichtigsten Gruppierungen eines reformationszeitlichen, vom Einfluss staatlicher Gewalt unabhängigen, sichtbaren, ‹freikirchlichen› täuferischen Christentums, die zum Teil längere historische Zeiträume überstanden oder gar – dies gilt für die drei letztgenannten – bis heute existieren, waren die Austerlitzer Brüder oder Bundesgenossen, die Sabbatarier, die Davidjoristen, die Hutterer, die Schweizer Brüder und die Mennoniten.

Die Austerlitzer Gemeinde in Mähren

Seit den späteren 1520er-Jahren war Mähren zur sichersten Zufluchtsregion der im Reich verfolgten Täufer geworden. Schon der wichtigste Theologe des frühen Täufertums, Balthasar Hubmaier, sah Mähren als «gelobtes Land». Der dortige nichtkatholische niedere Adel pflegte nämlich seit den Zeiten der Hussitenkriege eine religionspolitische Autonomie. Davon ließ man sich auch nicht abhalten, als die Markgrafschaft Mähren zusammen mit dem Königreich Böhmen infolge der maximilianeischen Heiratspolitik ab 1526 zum Herrschaftsverband des Hauses Habsburg gehörte. Traditionsspuren des Tiroler Täufertums (siehe unten S. 64), das durch Missionsaktivitäten der bald hingerichteten Hut-Schüler Leonhard Schiemer und Hans Schlaffer und der Zürcher Grebel-Vertrauten Blaurock, Reublin und Brötli entstanden war, gelangten schon in den späteren 1520er-Jahren nach Mähren. Zunächst kamen flüchtige Täufer nach

Nikolsburg, wo Leonhard von Liechtenstein ihnen Schutz bot, später nach Austerlitz (Slavkov u Brna), wo sich einige der Vertriebenen niederließen.

Die Austerlitzer Gemeinde war für die weitere Entwicklung des Täufertums nicht unwichtig. In ihrer Geschichte spiegeln sich die Konflikte zwischen Hubmaier und Hut, zwischen sogenannten Schwertlern und Stäblern wider, jenen Täufern also, die den Einsatz einer Waffe für vereinbar mit ihrem Glauben hielten, bzw. denen, die dies nicht taten. Einige der Tiroler Exulanten, bei denen Hut'sches Erbe nachwirkte, aber auch andere täuferische Flüchtlinge, die jede Unterstützung einer weltlichen Obrigkeit etwa durch Eid, Waffendienst oder Türkensteuern verweigerten, waren von den Nikolsburger Schwertlern ausgeschlossen worden und hatten sich nach Austerlitz abgesetzt. Dort praktizierten sie ab Frühjahr 1528 ihr an der apostolischen Vollkommenheit (Apg 2; 4) orientiertes Ideal der Gütergemeinschaft. Diese sollte auch, mystisch temperiert, die Verächtlichkeit gegenüber allem Kreatürlichen zum Ausdruck bringen und galt als Mittel, die Ursünde zurückzudrängen. Auch pazifistische Überzeugungen aus dem frühen schweizerischen Täufertum lebten bei den Austerlitzer Brüdern fort. Hubmaier und seinen einheimischen mährischen Gemeindegliedern warfen die Schismatiker im Marktflecken Austerlitz vor, die notleidenden Brüder auf der Flucht von ihrem Besitz auszuschließen.

Die Austerlitzer Gemeinde entfaltete bald eine erhebliche missionarische Strahlkraft. Prediger und Gemeindeorganisatoren wurden in ihrem Namen in verschiedenen Gegenden des Reichs tätig. Sie verbanden die neu gewonnenen Gemeindeglieder spirituell und praktisch mit Austerlitz und Mähren als dem «gelobten Land» aller Täufer. Einige führten auch ihre Gemeinden hierher.

Anhand des Wirkens des exponierten Täuferführers *Pilgram Marpeck* lassen sich einige Konturen und Merkmale des Austerlitzer Netzwerks erkennen. Marpeck war der Sohn eines Bergwerksbetreibers aus Rattenberg in Tirol. In jungen Jahren hatte er als Bürgermeister, Ratsherr seiner Heimatstadt und schließlich als Bergrichter im Inntal Karriere gemacht. In diesem Amt war er nicht nur für die Verwaltung des Bergbaus, sondern auch für Rechtsfragen – u.a. die Anzeige religiöser Abweichler – zuständig. Als Leonhard Schiemer im Inntal missionierte, so scheint es, gewann er Marpeck für das Täufertum. Dieser verließ nun seine Heimat und zog nach Böhmisch Krumau, wo viele Tiroler im Silberbergbau arbeiteten. Hier wird er mit Austerlitzer Täufern in Kontakt gekommen sein, denn unter den Bergleuten gründete Marpeck eine Täufergemeinde.

Seine nächste Lebensstation war Straßburg (September 1528 bis Anfang 1532). Hier arbeitete er als städtischer Wasserbauingenieur und Organisator der Holzwirtschaft; zudem trat er als Leitungsgestalt der Täufer und als Kontaktmann zu den Austerlitzern hervor. Nach innen versuchte er vor allem durch Korrespondenz, den Zusammenhalt zwischen der Austerlitzer und der Straßburger Gemeinde zu stabilisieren. Nach außen führte er profilierte Auseinandersetzungen mit den in der elsässischen Metropole zahlreich vertretenen Spiritualisten – insbesondere Kaspar von Schwenckfeld, Johannes Bünderlin und Christian Entfelder – auf der einen Seite, mit den Vertretern der magistralen Reformation, vornehmlich Bucer, auf der anderen. Den Spiritualisten warf Marpeck vor, dass sie die in der Inkarnation Christi konkretisierte und in den Sakramenten symbolisierte Verbindung von Innerem und Äußerem ignorierten und die dem Christen gebotene Leidensnachfolge verleugneten. Gegen ihr «unsichtbares» Christentum insistierte Marpeck auf der sichtbaren Kirche als Konsequenz der Inkarnation. Den Repräsentanten der Straßburger Ratsreformation hingegen warf er vor, dass sie sich der Macht der weltlichen Obrigkeit ausgeliefert und die Kindertaufe beibehalten hatten.

Zu Beginn des Jahres 1532 wurde Marpeck aus Straßburg ausgewiesen. Für die nächsten zwölf Jahre ist über seine Aufenthaltsorte wenig bekannt. Er hat jedoch sehr wahrscheinlich eine wichtige Rolle bei Aufbau und Erhalt des klandestinen Netzwerks mit einigen weitverstreuten Täufergemeinden – zwischen Württemberg und Mähren, dem Elsass, Graubünden und Wien – gespielt, die die Austerlitzer als Mutterkirche anerkannten.

Auch die «Schweizer Brüder» galten für Marpeck und die

Seinen als Konkurrenz. In Fragen der sittlichen Entschiedenheit («Gesetzlichkeit») der Lebensführung, der Kirchenzucht, des Amtes der Ältesten und des Umgangs mit dem Eid bestanden wohl Differenzen. Marpeck scheint dabei jeweils die liberaleren, eigene Fehlbarkeit einkalkulierenden Positionen vertreten zu haben. Für 1541 ist belegt, dass er sich erfolglos um eine Einigung zwischen den Hutterern und den Austerlitzer Brüdern bemühte. Zwischen 1544 und 1556 lebte Marpeck dann unbehelligt als städtischer Ingenieur in Augsburg, wobei er seine Tätigkeit als religiöser Autor und klandestiner Gemeindeführer nicht aufgab. Bald nach seinem Tod verlieren sich die Spuren der von ihm betreuten Gemeinden.

Die Sabbatarier in Böhmen

Erstmals im Kontext des Nikolsburger Täufertums trat um 1530 eine neuartige Tendenz auf, die bald auch auf andere täuferische Gruppen ausstrahlte und sich bis etwa 1600 in Mähren nachweisen lässt: die Heiligung des samstäglichen Sabbat. Solche Täufergruppen, die v. a. in südböhmischen Grundherrschaften lebten und über deren Größe wenig bekannt ist, wurden Sabbater oder Sabbatarier genannt. Ob die Nikolsburger Täuferkirche um 1535 vollständig zur Sabbatobservanz übergegangen war, ist unsicher. Ihr Patron Leonhard von Liechtenstein erbat im Herbst 1531 von dem Straßburger Prediger Wolfgang F. Capito und dem im dortigen Exil lebenden Kaspar von Schwenckfeld Gutachten über den Sabbat. Dies setzt wohl voraus, dass er Zweifel an der von seinem Prediger Oswald Glaidt vertretenen Sabbatlehre hegte. Glaidt war nämlich zu der Auffassung gelangt, dass die zeremonialen Bestimmungen des Dekalogs weiterhin gälten, der Sabbat nach Maßgabe des 3. Gebots also auch für die Christen verbindlich sei. Neben Taufe und Abendmahl wertete er den Sabbat als quasi-sakramentales Hoffnungszeichen, durch das Gott seine bedrängte Gemeinde ihrer Erwählung versicherte. Dass schon Hubmaier für die Sabbat- statt der Sonntagsheiligung eingetreten war, kann man hingegen ausschließen.

Da allerdings bereits 1525 im Zusammenhang mit Hans Denck bezeugt ist, dass man ihm die Sabbatverehrung zur Last legte, kann man voraussetzen, dass das Thema in einschlägigen Kreisen seit längerer Zeit virulent war. Für Glaidts Sabbatarismus war wohl ein strikter Biblizismus entscheidend. Da der Sonntag erst durch Kaiser Konstantin eingeführt worden sei und die Apostel den Sabbat gehalten hätten, sprächen Schrift und frühchristliche Tradition für ihn. Hinweise auf mögliche jüdische Einflüsse auf die Sabbatarier gibt es nicht. Luthers wirkungsreiche Schrift *Wider die Sabbater* von 1538 zielte darauf ab, Juden zu diskreditieren und sie der Proselytenmacherei zu bezichtigen – nach dem Reichsrecht ein todeswürdiges Verbrechen! Genauere Informationen über die als ‹Judaisierer› geschmähten mährischen Täufer besaß der Wittenberger Reformator nicht.

Die Hutterer zwischen Tirol und Mähren

Die bis heute existierende täuferische Kirche der Hutterer ist nach einem Tiroler Täuferführer namens Jakob Hutter benannt. Wohl um 1500 geboren, war der gelernte Hutmacher um 1526 mit täuferischen Ideen bekannt geworden, hatte in Bozen ein Neues Testament erworben, bald zu predigen begonnen, täuferische Gemeinden gegründet und angesichts der Verfolgung ihre Auswanderung nach Mähren, vor allem nach Austerlitz, organisiert. Nach dem Bruch mit Hubmaier und den Nikolsburgern (siehe oben S. 64) wurde das gütergemeinschaftliche Lebensmodell der Austerlitzer Brüder auch für die Tiroler zum Vorbild.

Unter dem Einfluss Wilhelm Reublins kam es im Januar 1531 zu einer Spaltung der Austerlitzer Gemeinde; im Hintergrund standen Fragen der Amtsautorität und einiger Privilegien der Ältesten. Die Unzufriedenen trennten sich und reorganisierten ihre Gemeinde im mährischen Auspitz (Hustopeče); für Hutter und die Tiroler wurden diese nun zum Bezugs- und Zielort. Die Gütergemeinschaft blieb das prägende Leitmotiv ihres Gemeindelebens. Bald wurde auch Reublin ausgeschlossen – er hatte ein kleines privates Vermögen besessen.

Hutter fungierte als Prediger und Sendbote zwischen Mähren und Tirol. Als sich auch die Auspitzer Gemeinde spaltete, kehrte er für rund eineinhalb Jahre dorthin zurück und gab ihr nun auf der Basis eines kommunitär-gütergemeinschaftlichen Lebensmodells eine festere Ordnungsstruktur. Im Frühjahr 1535 setzte der habsburgische König Ferdinand I. infolge des Münsteraner Spektakels eine temporäre Verfolgung der Täufer auch in Mähren durch. Hutter floh mit seiner Frau nach Tirol. Dort wurde er jedoch verhaftet, verhört, gefoltert und schließlich im Februar 1536 in Innsbruck bei lebendigem Leibe verbrannt.

Dank des konstanten Wohlwollens des mährischen Adels konnten die Täufer ab 1536 wieder Fuß fassen. Die von Hutter geprägten Gemeinden entwickelten sich nun zur stärksten und dynamischsten Spielart des Täufertums im «gelobten Land». Dadurch, dass hutterische Prediger unter anderen Täufergruppen missionierten und Menschen aus der Schweiz, Österreich und Süddeutschland, dem Rheinland, Schlesien, in kleinerer Zahl auch aus Franken, Hessen und Norditalien nach Mähren zogen, wirkten sie auf die Entwicklung des gesamten europäischen Täufertums ein.

Die Grundlagen des institutionell ausgeformten Gemeinschaftslebens der «Kirche Gottes in Mähren» waren: die Gütergemeinschaft, die Ablehnung von Eiden, Bürgerschaften und Militärdienst, die Verweigerung von Türken- und anderen Kriegssteuern, die Absage an autoritative Ansprüche außergemeindlicher Instanzen, eine radikale Entsakralisierung der religiösen Rituale und die disziplinierte Lebensführung in einem von der Welt abgesonderten, theokratischen Gemeinwesen. Als reguläre Untertanen adliger Herren lebten die Hutterer auf deren Landgütern; sie leisteten Abgaben in Form agrarischer Produkte, handwerklicher Erzeugnisse oder sonstiger Dienste. Die örtliche Rechtsprechung übertrugen die Adligen auf die hutterischen Ältesten. Mission unter der lokalen, nicht-täuferischen Bevölkerung war ihnen aber untersagt. Im Spiegel des rasanten Wachstums, das die Hutterer bis ins frühe 17. Jahrhundert hinein erlebten – 1535 gab es zwei, 1547 bereits 31, 1564 36, 1592 68 und 1622 schließlich 74 Bruderhöfe oder «Haushaben»; die

Gesamtzahl der Gläubigen wird auf ca. 20–30 000 geschätzt –, war die Anziehungskraft ihres alternativen Lebensmodells groß.

Klare institutionelle Strukturen sicherten den Zusammenhalt der hutterischen Gemeinden. Den Predigern, «Diener am Wort» genannt, deren Zahl bis zum Ende des 16. Jahrhunderts auf etwa vierzig anstieg, kam eine herausragende Autorität zu. Die Wahl neuer Prediger erfolgte durch die Vollversammlung aller anderen Prediger, welche zu Weihnachten, Neujahr, an Ostern oder Pfingsten zusammentrat. In der Regel waren die Prediger vorher in der Gemeinschaft als Handwerker tätig gewesen; nach einer Probezeit von zwei bis drei Jahren erfolgte die lebenslang gültige Ordination. Aus ihrem Kreis wurde ein Bischof gewählt, der die Gemeinden nach außen vertrat und zusammen mit einem Kreis älterer «Diener» die Gesamtaufsicht über alle spirituellen und disziplinarischen Angelegenheiten ausübte. Eine Gruppe von «Dienern der Notdurft» regelte und überprüfte die wirtschaftlichen Belange in den «Haushaben», den primären Sozialeinheiten. Hinsichtlich der Ausbildung einer hierarchisch gestuften «Amtsgeistlichkeit» stellen die Hutterer gegenüber den anderen laienchristlich-egalitär ausgerichteten täuferischen Gemeinschaften einen gewissen Sonderfall dar.

Beim Eintritt in die «Kirche Gottes in Mähren» waren die persönlichen Besitztümer der Gemeinschaft zu übergeben. Vor der Taufe wurde ein Neuling gründlich katechetisch unterwiesen. In den «Haushaben» waren die traditionellen Familienstrukturen aufgehoben; die Kinder wurden gleich nach der Geburt kollektiv und von ihren Eltern getrennt aufgezogen. Die Frauen waren im Haushalt oder im Kindergarten tätig. Die Männer arbeiteten in der Landwirtschaft oder in einem der 36 Handwerke, die die Hutterer betrieben. Ein eigenes Schulwesen sicherte die religiöse Bildung und eröffnete auch Zugang zu technischem Wissen. Als Handwerker traten die Hutterer im späteren 16. Jahrhundert durchaus in Konkurrenz zu den städtischen Gilden Mährens. Vor allem bei der Herstellung von Luxusgütern für eine adlige Klientel – Kutschen, Schuhe, Ledermöbel, Besteck und Tischgeschirr, Fayencen – waren sie produktiv und erfolgreich.

Die religiös-spirituelle Orientierung der Hutterer ist für uns deutlich sichtbar, denn die umfassendsten Quellenbestände zur Geschichte des europäischen Täufertums überhaupt stammen aus hutterischem Besitz. Mystische Traditionen im Anschluss an Hut, Denck, Hätzer und andere süddeutsche Täufer der Frühzeit spielten eine prägende Rolle. Gegenläufig zur reformatorischen Rechtfertigungslehre gründete das Heil nicht im persönlichen Vertrauen auf die in Christi Tod vermittelte Versöhnung, sondern in der Nachfolge des sich sittlich unablässig verbessernden Gläubigen, der den bindenden Regeln der täuferischen Lebensgemeinschaft unterstand. Die Zugehörigkeit zur hutterischen Kirche, deren Heiligkeit das Blut zahlreicher Märtyrer verbürgte, war für die Erlösung des Einzelnen entscheidend. Nach der Schlacht am Weißen Berg (1620), dem militärischen Wendepunkt in der Frühphase des Dreißigjährigen Krieges, veränderte sich die politische Situation des nichtkatholischen Adels in Böhmen und Mähren dramatisch. Nun ging auch das Goldene Zeitalter der Hutterer und der anderen Täufer in ihrem «gelobten Land» zu Ende.

Die Schweizer Brüder

Unter den «Schweizer Brüdern» – der Begriff ist erstmals in einem Brief Pilgram Marpecks von 1541/42 belegt – versteht man eine etwa seit den 1540er-Jahren greifbare Formation des Täufertums, die eine distinkte kirchliche Identität besaß. Der Begriff spiegelt zum einen die Selbstbezeichnung der Gruppe als «Brüder», zum anderen ihre primäre geographische Herkunft bzw. Ausbreitung.

Der missionarische Impuls des Zürcher Täufertums hatte bereits in der zweiten Hälfte der 1520er-Jahre zu Gemeindebildungen in verschiedenen schweizerischen Kantonen, besonders in Basel, Bern, St. Gallen, dem Aargau und Appenzell, in Tirol sowie im Südwesten des Reichs, hier vor allem im Elsass und in der Pfalz, geführt. In Zürich, Bern, Schaffhausen, Straßburg, dem Jura und am Oberrhein gab es Gemeinden, die kontinuierlich von den späteren 1520er-Jahren an bis ca. 1700 und darüber hinaus existierten.

Die Gemeinden organisierten sich aufgrund von Verfolgungen vor allem im ländlichen Raum klandestin. Oft lagen sie weit auseinander, Wanderprediger sicherten den Zusammenhalt. Größere Versammlungen trafen sich an geheimen Orten, häufig zu nächtlicher Stunde im Wald. Rückfragen der Hörer an die Prediger waren nichts Ungewöhnliches, gemeinsame Abendmahlsfeiern und Taufen im Gottesdienst selbstverständlich. Die Brüder pflegten seit ihren Anfängen in den 1520er-Jahren eine reiche Liedkultur; ihr Liederbuch, der *Ausbund, das ist etliche christliche Lieder*, erlebte in zweihundert Jahren zwölf Druckausgaben. Auch die gemeinsame Bibellektüre im Kreis der «Laien» blieb eine verbreitete Frömmigkeitspraxis. Gelegentlich dominierten und disziplinierten die Gemeinden ihre Pastoren; so kritisierte Marpeck an den Schweizer Brüdern in Appenzell, dass sie ihren Seelsorger bannten.

Neben den *Schleitheimer Artikeln* (siehe S. 38–40) prägte eine 1568 in Straßburg entstandene Ordnung Struktur und Leben der Gemeinden: Bischöfe und Prediger wurden ordiniert, sie waren verpflichtet, den Nachbargemeinden zu helfen und wurden ökonomisch abgesichert. Das Abendmahl sollte nur mit reinem Gewissen genommen werden, der heilige Kuss war den Vollmitgliedern vorbehalten, sonst zugelassenen Mitgliedern galt er nicht. Heiraten sollten unter Gemeindegliedern stattfinden, und zwar mit Wissen der Eltern und der Pastoren. Konvertiten mussten wahre Buße zeigen; eine erneute Taufe aber war nicht obligatorisch. Bei der Haar- und Barttracht sollte zur jeweiligen Mode Distanz gehalten werden. Nach außen hin zeigte man sich häufig loyal zur Großkirche und lebte im Verborgenen, was man wirklich glaubte.

Der Umgang der Mehrheitsgesellschaft mit den Schweizer Brüdern unterlag erheblichen Konjunkturen und hing auch von persönlichen Konstellationen ab. Zwischen 1526 und 1533 herrschte etwa in Straßburg eine ausgesprochen tolerante Atmosphäre. Prediger wie Wolfgang F. Capito oder Matthias Zell und dessen Frau Katharina Schützinn unterhielten Kontakte zu Täuferführern und äußerten sich über eine Gestalt wie Sattler positiv. Gleichzeitig sah Bucer in Denck einen gefährlichen Irrlehrer und betrieb dessen Ausweisung. Systematische Verfolgungen mit gelegentlichen Hinrichtungen v. a. im Berner Gebiet führten zu Fluchtbewegungen der Schweizer Brüder aus der Schweiz ins Elsass und in die Pfalz. Hier gewährten ihnen die weltlichen Territorialherren seit dem letzten Drittel des 17. Jahrhunderts Aufenthalts- und Gewerberechte.

Die Beziehungen zu anderen Gruppierungen des Täufertums gestalteten sich unterschiedlich. Im Verhältnis zu Marpeck und den Austerlitzern überwogen die Übereinstimmungen. Wahrscheinlich gingen nach seinem Tod die von ihm betreuten Gemeinden in den Schweizer Brüdern auf. In Bezug auf die Hutterer bestanden erhebliche Differenzen: Einerseits waren die Gemeinden der Schweizer Brüder Zielobjekte der hutterischen Mission; andererseits lehnten sie die obligatorische Gütergemeinschaft, die kollektive Kindererziehung, jegliche Kriegssteuern und die öffentlich zu vollziehende Kirchenzucht ab. Im Verhältnis zu den Melchioriten bzw. den holländischen und norddeutschen Mennoniten (siehe S. 75–78) kam es zeitweilig zu wechselseitigen Verwerfungen; Fragen der Kirchenzucht und der Christologie, besonders deren Theorie des «himmlischen Fleisches», waren kontrovers. Doch seit dem Ende des 16. Jahrhunderts wuchsen die positiven Verbindungen; die Schweizer Brüder entdeckten Menno Simons als Frömmigkeitsschriftsteller, die Mennoniten halfen angesichts neuer Verfolgungswellen.

Die kurzlebigen Davidjoristen

Hatten die Schweizer Täufer mit Ausnahme gewisser Kontakte zu Müntzer, Hoffman und Hut keine ernsthaften Verbindungen zu den im Münsteraner Täuferreich eskalierenden apokalyptisch-militanten Varianten des Täufertums, so standen die vor allem in Norddeutschland und den Niederlanden beheimateten Anhänger Melchior Hoffmans, die *Melchioriten*, angesichts des westfälischen Spektakels vor einer grundlegenden Orientierungskrise. Die beiden auf jeweils ihre Weise zukunftsweisenden, gleichwohl konkurrierenden Optionen, die sich in der zweiten Hälfte der 1530er-Jahre herausbildeten, hingen mit dem Wirken zweier Täuferführer zusammen: Menno Simons und David Joris. Auf den einen gehen die heute weltweit existierenden Mennoniten, auf den anderen eine kurzlebige, sich verflüchtigende Gruppe seiner Anhänger, die sogenannten Davidjoristen, Joristen oder Daviditen, zurück. Ausrichtung und Charakter der jeweiligen Anhängerschaft waren tiefgreifend von den beiden Personen bestimmt.

Der um 1501/02 als Sohn eines Kaufmanns und einer wohlhabenden Mutter im flandrischen Brügge geborene *David Joris* gehört zu den schillerndsten Gestalten in der Geschichte des Täufertums. Nach dem Besuch der Lateinschule absolvierte er eine Lehre als Glasmaler, die ihn für einige Zeit nach England und Frankreich führte. 1524 ließ er sich in Delft nieder, dem Herkunftsort seiner Mutter. In den folgenden Jahren wurde er als reformatorischer Agitator und Publizist auffällig und kämpfte gegen die Bilder und die Verehrung der Jungfrau Maria. Nachdem er bei einer Himmelfahrtsprozession im Jahr 1528 als Prediger aufgetreten war, wurde er dingfest gemacht und mit Auspeitschung, Durchbohren der Zunge und dreijähriger Verbannung bestraft.

In den folgenden Jahren hielt sich Joris unter anderem in Emden auf, wo er Melchior Hoffman begegnet sein dürfte. Danach, zwischen 1531 und 1535, lebte er weitgehend unauffällig als melchioritischer Täufer. Vermutlich wuchs er aber bereits zu dieser Zeit in eine Führungsposition hinein. Die Hoffman zeitweilig nahestehenden Melchioriten Obbe und Dirk Philipps vertrauten Joris und setzten ihn als Ältesten ein. Den Münsteraner Täufern verweigerte er die bewaffnete Unterstützung; gegen das Täuferreich selbst stellte er sich nicht.

Zwischen 1536 und 1540 agierte Joris als charismatischer Täuferführer. Bei einem Treffen im niederrheinischen Bocholt war ihm 1536 die Vermittlung zwischen einigen personellen Resten des Münsteraner Täufertums und Anhängern des Freischärlers von Batenburg (siehe S. 60 f.) gelungen. Seine Versuche, auch in Straßburg die Anhänger Hoffmans auf seine Seite zu ziehen, scheiterten allerdings. Ekstatische Visionen, die ihn im Dezember 1536 eine ganze Woche lang in ihrem Bann hielten, steigerten Joris' prophetisches Erwählungsbewusstsein. Als «dritter David» – nach dem alttestamentlichen König und dem «neuen David» Christus – schrieb er sich selbst eine nicht unwichtige heilsgeschichtliche Rolle zu. Nach und nach aber mäßigte er seine apokalyptischen Vorstellungen wieder; eine Tötung der Gottlosen spielte in seinem Konzept keine Rolle mehr.

Joris' Anhänger waren zusehends scharfer Verfolgung ausgesetzt. Während er selbst sich im Verborgenen hielt, wurden viele der Seinen, auch seine Mutter, aufgespürt und hingerichtet. Ab 1539 fand er auf Vermittlung von Parteigängern aus dem Adelsstand für vier Jahre Zuflucht in Antwerpen. Hier setzte nun eine Spiritualisierung seiner Lehre ein, die zeigt, dass Joris tiefgreifend von der Mystik, aber auch von Sebastian Franck geprägt war. Einer Wassertaufe Erwachsener bedürfe es nicht mehr; die Täufer sollten sich äußerlich zu den großen Kirchen halten. Diese Einstellung stieß auf Menno Simons' fundamentalen Widerspruch.

1544 siedelte Joris mit seiner Frau und elf Kindern, finanziell unterstützt von einem vornehmen Getreuen, nach Basel über, wo er für den Rest seines Lebens, bis 1556, unter einem Tarnnamen unbehelligt und in Wohlstand lebte. Er verfasste zahlreiche Schriften, die er dank zahlungskräftiger Förderer publizierte. Seine Texte weisen keine systematische Gestalt auf, sondern bilden zumeist den Duktus der ihm widerfahrenen Offenbarungen des Heiligen Geistes ab. Die Endzeitereignisse deutete er nun vollständig geistlich; der Kampf gegen die Gottlosen wurde als innere Geburt Christi in der Seele verstanden. Die über verschiedene Länder verstreute Geistkirche – Joris korrespondierte im Rahmen eines internationalen Netzwerks in Deutschland, den Niederlanden, Dänemark und Frankreich – werde nach und nach Anteil an der Weisheit des dritten David erlangen. Der durch fleischliche Begierden verdorbene Mensch müsse sich, so forderte Joris gegen den Widerstand der Straßburger Melchioriten und der Anhänger Mennos, in einem öffentlichen Akt der Beichte reinigen, um die Unschuld einer geistlichen, sündlosen Ehe im Äon des dritten David zu erlangen.

Erst nach Joris' Tod wurde ruchbar, dass er einer der meistgesuchten Sektenführer Europas gewesen war. Postum wurde er als Ketzer verurteilt; man exhumierte etwa drei Jahre nach seinem Tod seinen Leichnam und verbrannte ihn zusammen mit einigen Exemplaren seiner Bücher und seinem Bild. Nicht als Führer einer stabilen, sozialen Gruppe, aber als geistliche Autorität, als Publizist und als Advokat von Toleranz und Glaubensfreiheit wirkte Joris' Erbe, pietistisch vermittelt, in die Neuzeit hinein.

In Nord- und Mitteleuropa: Die Mennoniten

Der friesische Bauernsohn *Menno Simons* (1495/96–1561), der sich als Gegner des David Joris und seiner Anhänger exponierte, stellte in mancher Hinsicht den Antitypus zu einigen der religiösen Virtuosen der melchioritischen Richtung dar: Er orientierte sich streng an der Bibel, führte ein verborgenes, monogames Leben, lehnte spekulative Auslegungen und visionäre Zugänge ab und arbeitete stetig, still und verlässlich auf den Aufbau stabiler, separatistischer Täufergemeinden hin, die sich bald von Nordfrankreich bis nach Danzig, von Holstein bis ins Rheinland erstreckten. Der Gruppenname der «Meniten» ist erstmals 1544/45 in einer ostfriesischen Polizeiordnung belegt; als positive Selbstbezeichnung begegnen die «Mennoniten» seit der Mitte des 17. Jahrhunderts, als sich täuferische Gemeinden in Baden, Württemberg, Bayern, dem Elsass und der Schweiz, am Niederrhein, in Altona, Glückstadt und Friedrichshafen, im masurischen Elbing und in Thorn an der Weichsel auf Menno beriefen.

Menno Simons' definitive Hinwendung zum Täufertum fiel in die Phase einer besonders blutigen Verfolgungswelle: Zwischen 1534 und 1536 wurden in Holland rund zweihundert, in Friesland etwa fünfzig Täufer hingerichtet. In Oldeklooster unweit von Witmarsum, wo der 1524 zum Priester Geweihte eine Pfarrei versah, war es im Frühjahr 1535, nach der Besetzung des Klosters durch eine Gruppe militanter Täufer, zu einem Massaker gekommen, das die Truppen des Statthalters in habsburgischen Diensten anrichteten. Unter den Hingemordeten dürfte

Mennos Bruder Pieter, einer der zwölf Ältesten Münsters, gewesen sein. Mennos autobiographischer Erinnerung aus dem Jahr 1554 zufolge fiel «das Blut der Opfer ... brennend auf [s]ein Herz». Zweifel an der leiblichen Realpräsenz Christi und an der Kindertaufe hatten ihn schon einige Zeit vorher der katholischen Kirche und seinem Priesterdienst entfremdet.

Anfang 1536 wurde Menno Simons durch Obbe Philipps getauft. Einigen gilt dieser von Jan Mathijs zum Ältesten ernannte Täuferführer als Haupt einer eigenen Gruppierung, der *Obbeniten*. Im Unterschied zu den Münsteranern wollte er das Evangelium allein mit geistlichen Mitteln verbreiten, setzte auf den Aufbau von Gemeinden und wandte sich gegen Hoffmans willkürliche Exegesen. Bereits ein Jahr später ernannte er den inzwischen mit einer ehemaligen Begine verheirateten Ex-Priester Menno zum Ältesten. Obbe Philipps hatte auch David Joris zum Ältesten gemacht. Nach Joris' Abwendung vom Täufertum (1539/40) und seinem Abgang nach Antwerpen wuchs Menno unter den niederländischen und norddeutschen Täufern in eine Führungsposition hinein. Sein heimlich gedrucktes theologisches Hauptwerk *Dat fundament des christelyken leers* (1539/40; ²1558) trug ihm breiten Respekt ein und half, die durch das Münsteraner Debakel aufgewühlte Bewegung zu beruhigen und zu konsolidieren.

Zunächst agierte Menno subversiv in Friesland, Ostfriesland, Nordholland, Groningen und Amsterdam. Seit 1542 war auf seinen Kopf eine Belohnung von 100 Gulden – in etwa das Jahresgehalt eines Stadtpfarrers – ausgesetzt. Zwischen 1544 und 1546 wirkte er mit großem Erfolg als Missionar im Erzbistum Köln, unter dessen Bischof Hermann von Wied zeitweilig eine relativ liberale Religionspolitik vertreten wurde. Später verlagerte sich sein Wirkungsradius nach Holstein und an die Ostseeküste bis Westpreußen, wobei ihm vor allem in Hafenstädten Gemeindegründungen gelangen.

Menno Simons' Theologie war auf tätige Buße, leidende Nachfolge, Selbstverzweiflung, Orientierung am Schriftwort, Reinigung und Wiedergeburt konzentriert. Die Gemeinde «ohne Flecken und Runzeln» und ihr heiliger Lebenswandel sollten dem von aller fleischlichen Sünde freien «himmlischen Fleisch» ihres Heilands entsprechen; Menno blieb Hoffmans umstrittener Inkarnationslehre verpflichtet. Dem Glauben hatten notwendigerweise gute Werke zu korrespondieren. Auch in seinem Umgang mit der Bibel waren – gegenläufig zu den spiritualistischen Tendenzen im zeitgenössischen Täufertum – Äußeres und Inneres untrennbar verbunden: Das geschriebene Wort werde durch den inneren Geist bestätigt, der seinerseits auf das Wort verweise. Die Sakramente sind seiner Lehre gemäß als äußere Bestätigungszeichen für die Kirche der Wiedergeborenen unverzichtbar. Auch wenn Mennos Theologie primär in den freikirchlichen Milieus, in denen er wirkte, rezipiert wurde, war sie ihrem Anspruch nach keine «Sektenlehre», sondern «katholisch», d. h. auf eine universale Rettung der Menschheit ausgerichtet.

Menno Simons' Wirken zielte auf eine Konsolidierung der täuferischen Gemeinden im Norden ab. Es galt, die Rechte der Ältesten im Verhältnis zu den Gemeinden zu definieren, die Regeln der Gemeindedisziplin zu vereinheitlichen und die publizistische Präsenz täuferischer Literatur durch den Buchdruck zu erhöhen. Seit der Mitte der 1550er-Jahre aber stieß er vermehrt auf Widerspruch. In Bezug auf den Bann, die Zucht innerhalb der Gemeinde, rangen eine strengere und eine liberalere Richtung miteinander. Strittig war etwa, ob der Umgang mit einem ungläubigen oder gebannten Ehepartner möglich war oder selbst mit dem Bann belegt werden musste. Menno suchte einen mittleren Weg, doch die strengere Richtung setzte sich durch. In Mennos niederländischer Heimat wurde dies zum Anlass einer Spaltung unter den Täufern: Die liberalere Richtung, die sogenannten *Waterlanders*, folgten spiritualistischen Tendenzen und einer weniger rigiden Bannpraxis. Unter ihrem Führer Hans de Ries, einem ehemaligen Calvinisten, vollzogen sie auch eine stärkere Anpassung an die niederländische Gesellschaft. Die Waterlanders unterstützten den Unabhängigkeitskampf der vereinigten niederländischen Republiken gegen Spanien mit finanziellen Mitteln.

Orthodoxe Mennoniten erkannten die Benennung nach einem Menschen nicht an. Sie nannten sich *Doopsgezinde*, Taufgesinnte. Seit den 1570er-Jahren waren die Mennoniten, ähnlich den Lutheranern, als nicht-calvinistische Kirche in den Niederlanden geduldet. Ihr Anteil an der Gesamtbevölkerung etwa in Friesland wird auf ca. 25 Prozent geschätzt.

Interne Pluralisierungsprozesse, die Erfahrungen und Traumata des Täuferreichs, das Fehlen einer übergemeindlichen Lehrinstanz und die unterschiedlichen Grade der Interaktion mit der umgebenden Gesellschaft trugen dazu bei, dass die ursprünglich aus dem Wirken Melchior Hoffmans hervorgegangenen Täufer, die Melchioriten, sich immer wieder neu, streng oder liberal, auf die Botschaft Jesu bezogen, sich immer wieder anders «erfanden». Entweder passten sie sich an die sich rapide verändernden kulturellen, politischen und gesellschaftlichen Herausforderungen ihrer Zeit an – oder sie entzogen sich durch Separation.

5. Täuferische Dissenter: Theologische Schnittmengen und kulturelle Eigenarten

Eindeutige Angaben über die *Gesamtzahl* der Täufer im Europa des 16. und 17. Jahrhunderts sind nicht möglich. Schätzungen gehen für Süd- und Mitteldeutschland, Österreich und die Schweiz zwischen 1525 und 1618 von rund 30 000 Personen aus; für Mähren wird um 1600 mit bis zu 60 000, für die Niederlande gar mit 100 000 Täufern gerechnet. Da, wo sozialgeschichtliche Angaben möglich sind, ist festzustellen, dass sich täuferische Gemeinden aus einem im Ganzen repräsentativen Querschnitt der Gesellschaft rekrutierten, wobei Gelehrte, Adlige, Patrizier und Inhaber öffentlicher Ämter einen sehr geringen Anteil (unter 2 Prozent) ausmachten. In der Anfangszeit hatten nicht wenige Täuferführer eine höhere – etwa humanistische – Bildung. Später wurden Handwerker, die in der Regel über Lesefähigkeiten verfügten, zur wichtigsten sozialen Trägergruppe der Bewegung. Da, wo das Täufertum aufgrund von Verfolgungen in ländliche Räume zurückgedrängt wurde, rekrutierte es sich überwiegend aus dem Bauernstand.

Bisweilen konnten *Frauen* als Prophetinnen oder im Zusammenhang mit Aufgaben der Gemeindeorganisation prominentere Rollen einnehmen, was gewiss auch mit der konsequenten Umsetzung des Allgemeinen Priestertums der Glaubenden in bestimmten Formen des Täufertums zusammenhing. Der hohe Anteil an Märtyrerinnen – in einem verbreiteten Märtyrerspiegel des späten 17. Jahrhunderts waren von 832 Getöteten immerhin 221 weiblichen Geschlechts – weist gleichfalls auf eine erhebliche Bedeutung von Frauen hin. Allerdings fällt auf, dass die Spende der Taufe und des Abendmahls durch Frauen in den Quellen nicht berichtet wird. Bei Mennoniten und Hutterern, also den beiden besonders stringent organisierten täuferischen Gemeinschaften, wurden Führungsaufgaben ausschließlich von Männern wahrgenommen.

Auch wenn es schon Zeitgenossen wie Sebastian Franck unmöglich erschien, ein einheitliches Bild der «Lehre» der Täufer zu entwerfen, so lassen sich doch bestimmte theologische Motive und Tendenzen identifizieren, die für die meisten von ihnen eine Schnittmenge bilden. Ihrem historischen Ausgangspunkt in der reformatorischen Bewegung entsprechend, nahmen die Täufer an einer auf die vollständige Passivität des Menschen abonnierten *Gnadentheologie* der Reformationskirchen Anstoß, da diese dem sittlichen Lebenszeugnis keine konstitutive Bedeutung für das «Zum-Heil-Kommen» des Menschen zuschrieb. Die lutherische Rechtfertigungslehre, die «gute Werke» zwar als selbstverständliche Folge des Glaubens, nicht aber als Bedingung des göttlichen Urteils über den Menschen verstand, galt den meisten Täufern als Verrat an der Nachfolge Christi.

Dass die Glieder der reformatorischen Kirchen gegenüber der katholischen Zeit keine sittlichen Verbesserungen an den Tag legten, musste aus der Sicht der meisten Täufer auch gegen die Wahrheit ihrer Doktrin sprechen; denn was konnte eine «Lehre» wert sein, die für das «Leben» folgenlos blieb? In den Predigern und gelehrten Theologen der entstehenden evangelischen Staats-

Schaubühne der Märtyrer: Kupferstich von Jan Luyken, 1685.
Sechs Brüder und zwei Schwestern wurden 1549 in Amsterdam hingerichtet.

kirchen, die in der Regel eine besondere Kompetenz in der Auslegung der Heiligen Schrift für sich in Anspruch nahmen, sahen sie «Schriftgelehrte», also ähnlich obskurante Geister wie jene, die Jesus verkannt und ans Kreuz gebracht hatten. Zwischen der «kunst Gottes» und der «spitzigen kunst» der Schriftgelehrten konnte es nach der Auffassung eines zeitweilig mit den Täufern verbundenen Freigeistes wie Ludwig Hätzer keinerlei Vermittlung geben.

Der Streit über das *Verständnis des Abendmahls*, der seit der Mitte der 1520er-Jahre zwischen den reformatorischen Theologen in Zürich, Straßburg und Wittenberg tobte – sollte man es als symbolisches Erinnerungsmahl oder als wirksames Heilsmittel, in dem Christus selbst leiblich anwesend ist, verstehen? –, forcierte die Abkehr vieler Täufer von der Reformation. Generell stimmten sie darin überein, dass sie eine reale und leibhaftige Identität der Elemente Brot und Wein mit dem Leib und dem Blut Christi bestritten.

Akademischen Graduierungen und Ritualen standen sie mit Skepsis oder offener Ablehnung gegenüber. In der positiven Anknüpfung der Reformatoren an die traditionellen Institutionen höherer Bildung sahen die Täufer einen Verrat am *Allgemeinen Priestertum der Gläubigen*, das manche von ihnen im Sinne einer grundsätzlichen Abschaffung eines «geistlichen Standes», auch in seiner großkirchlich-reformatorischen Variante, verstanden. Wegen ihrer gegenüber den alten, katholischen und neuen, evangelischen «Papisten» gleichermaßen kritischen, antiklerikalen Einstellung sahen sich die Täufer in der Regel als besonders konsequente Widersacher des päpstlichen «Antichrist» in Rom. Auch die täuferischen Gemeinschaften, die ihre Prediger und Pastoren mittels bestimmter Introduktionsriten, sogenannter «Ordinationen», einführten, verstanden deren Amt streng funktional und keinesfalls als Übertragung eines besonderen Habitus. In der Regel hatten die täuferischen Prediger vorher einen praktischen Beruf gelernt; akademisch gebildete Pastoren waren seltene Ausnahmen. Die täuferische Präferenz für das «Leben» gegenüber der «Lehre» führte dazu, dass Lehrkompendien und katechetische Werke eine im Vergleich zu den konfessionellen Kirchentümern deutlich bescheidenere Rolle spielten.

Die *Taufpraxen* bei den Täufern divergierten erheblich – unbeschadet der prinzipiellen Überzeugung, dass die Säuglingstaufe ein vom Papsttum aufgebrachter Gräuel sei. Es gab die Erwachsenentaufe, die Taufe von etwa sechsjährigen, vernunftfähigen Kindern, die Taufe durch Besprengung (Aspersion) oder Untertauchen (Immersion), die apokalyptische Versiegelungstaufe, die Aussetzung der Taufe (Taufmoratorium) oder auch die Anerkennung der Kindertaufe von Personen, die später zum Täufertum konvertierten. In der Ablehnung bildlicher Darstellungen Gottes und Christi, der Orgelmusik und der Ohrenbeichte war ihre Nähe zur reformierten Tradition jedoch generell größer als zu den im Umgang mit überkommener Kirchenkunst und traditionellen Ritualen im Ganzen konservativeren Lutheranern.

Wegen des religiösen Interesses an der lebendigen Nachfolge Christi wurde von manchen Stimmen innerhalb des Täufertums Kritik an der Vorstellung eines *stellvertretenden Sühnetodes* des Gottmenschen laut. Die traditionelle dogmatische Lehre von den beiden Naturen, der wahren Gottheit und der wahren Menschheit in der einen Person Christi, wurde von einigen infrage gestellt. War Christus nur ein bloßer Mensch, kam seinem Leiden keine andere als eine vorbildhafte Bedeutung zu. Da in ihm die Gottheit nicht anders wohnte, als sie auch in seinen Nachfolgern wohnen könnte – abgesehen von der Schwächung ihres Gottesbewusstseins infolge der Sünde –, konnte er auch nicht die Sünden anderer auf sich nehmen. In Gedankengängen wie diesen, die etwa Hätzer oder Jakob Kautz entwickelten, bildete die Bestreitung der Sühnopfervorstellung eine Wurzel des reformationszeitlichen Antitrinitarismus. Dabei war vor allem die Orientierung an der Einheit Gottes leitend, wie sie Hätzer in dem von ihm neu herausgegebenen mystischen Traktat der *Theologia deutsch* fand. Innerhalb der größeren täuferischen Gruppen hatten antitrinitarische Auffassungen keinen Rückhalt; hier wurden das Apostolische Glaubensbekenntnis ebenso wie die altkirchlichen Dogmen beibehalten, ohne sich freilich in sie zu vertiefen.

Unter den Bedingungen der Verfolgung fanden täuferische Gruppen an allen *Orten* zusammen, wo dies irgend möglich war: in Feld, Wald und Flur, in Kellern und auf Dachböden, in Privat- und Wirtshäusern, in Mühlen und auf Landstraßen. «Heilige Räume» waren ihnen per se fremd. In jenen Gegenden Mährens, in denen sie geduldet wurden, gestalteten sie ganze Siedlungen nach ihren Vorstellungen. Die von einigen Gruppen, vor allem den Hutterern, praktizierte Gütergemeinschaft «heiligte» das, was allen gehörte und vielen diente.

Ähnlich wie in der Haltung zur *weltlichen Obrigkeit*, zum Schwertdienst und zum Eid wies das Täufertum in der Frage des *Besitzes* ein breites Spektrum auf. Durchweg selbstverständlich aber war, dass eigener Besitz in den Dienst eines notleidenden Bruders oder der Gemeinschaft zu stellen war. Dass Melanchthons und anderer Reformatoren Sicht auf das Täufertum auf deren vermeintliche Verwerfung weltlicher Obrigkeit und den Aufruhr fixiert war, entsprach zwar bestimmten Erfahrungen im Umkreis des Münsteraner Täuferreichs, wurde aber dem Phänomen im Ganzen nicht gerecht. Für das Schicksal der Täufer und den Verlauf der Reformation war es fatal, dass diejenigen, die selbst von Rom verketzert waren, ihrerseits den weltlichen Arm zur Beseitigung der Abtrünnigen anriefen.

Das Verhältnis der Täufer zum *Spiritualismus* war vielfältig und uneindeutig. Einige Exponenten des frühen Täufertums wie Denck, Hätzer oder Hut, später auch David Joris, vertraten einen Vorrang der Inspiration, die durch das äußere Schriftwort bestätigt werden konnte oder sollte, aber dieses im Zweifel überbot. Andere Täufer wie Sattler, Marpeck oder Simons lehrten biblizistisch, d.h. sie erkannten eine Lehrauffassung nur dann an, wenn sie aus der Bibel gewonnen und durch sie gedeckt war. In den größeren und stabileren täuferischen Gemeinschaften stießen extreme Manifestationen spiritueller Vollmacht, etwa Visionen oder Auditionen, eher auf Skepsis und Ablehnung.

Die von Hut im Anschluss an Müntzer und die Mystik entwickelte Konzeption eines *universal gültigen Leidensprinzips* – wie ein Baum das Werk des Zimmermanns erleidet, um zum Hausbau geeignet zu sein, müsse der Mensch, wolle er ins Haus Gottes gelangen, der Welt mit allen Lüsten «abgehauen» werden – implizierte die für das 16. Jahrhundert radikale Konsequenz, dass auch den Heiden ein Zugang zum Heil eröffnet sei. Doch diese Ansätze blieben innerhalb des Täufertums randständig. Sie drangen allerdings, etwa über die Religionsphilosophie Sebastian Francks, in die Vorstellungswelten der europäischen Neuzeit ein.

In den großen religionsrechtlichen Ordnungssystemen der europäischen Frühneuzeit, die Mehrkonfessionalität anerkannten oder ermöglichten, etwa dem Augsburger Religionsfrieden (1555), dem polnischen Konsens von Sendomir (1570), der

Warschauer Konföderation (1573), dem Toleranzedikt von Nantes (1598) oder dem Westfälischer Frieden (1648/50), kamen die Täufer nicht vor. Die von täuferischen, aber auch von spiritualistischen Dissentern wie Franck, Sebastian Castellio oder Schwenckfeld vertretene Vorstellung, dass auch ihresgleichen *Toleranz* zu gewähren sei, fanden erst vor dem Hintergrund blutiger Religionskriege seit dem späteren 17. Jahrhundert eine breitere gesellschaftliche und politische Resonanz. In der Regel fußte die Duldung der Täufer auf der Privilegierung durch einzelne Territorialfürsten, die sich von den fleißigen, oft weitläufig vernetzten Handwerkern und Bauern ökonomische Vorteile versprachen.

Ein wesentliches Motiv täuferischer Separation von den Groß- und Staatskirchen bestand darin, eine *Gemeinschaft der Heiligen und Erwählten*, der Christus authentisch Nachfolgenden, bilden zu wollen. Dass Zwingli und Luther um der «Schonung der Schwachen» willen notwendige Reformmaßnahmen verzögert oder verweigert hatten, bildete ein Kernmotiv der Abkehr der Täufer von ihnen. Die *Kirchen- und Gemeindezucht* nach dem in Mt 18,15–18 entfalteten Modell prägte das täuferische Gemeindeleben und ihre Ekklesiologie. Mit dem Taufakt war etwa für Hubmaier das Bekenntnis verbunden, den Namen Christi fortan nicht mehr mit Sünden zu beschmutzen und sich der brüderlichen Zurechtweisung nach der Ordnung Christi gemäß Mt 18 zu unterwerfen. Ohne den christlichen Bann, durch den sich der Leib Christi von seinen vergifteten und unreinen Gliedern trennte, seien auch die Taufe und das Abendmahl unwirksam. Öffentliche Sünden sollten öffentlich, heimliche heimlich bestraft werden.

Tendenziell drängte das Ethos der Heiligkeitsgemeinschaft ihre Mitglieder dazu, auch in ihren ehelichen, häuslichen und ökonomischen Bezügen primär untereinander zu verkehren. Wie in der zeitgenössischen Mehrheitsgesellschaft galt auch bei den Täufern überwiegend die monogame *Ehe* als verbindliche Norm; Polygamie, Promiskuität oder spiritualisierte Ehevorstellungen sind als Randphänomene vielfach überbewertet worden. Die täuferische Gemeindezucht strahlte freilich auch über sich hinaus. Im Straßburg Martin Bucers etwa wirkte das täuferische Modell auf die «Volkskirche» zurück: Durch die Einführung von kleineren Gemeinschaften ernsthaft christlich lebender Gemeindeglieder und die als Tauferneuerung verstandene Konfirmation sollten in die Obrigkeitskirche Elemente implementiert werden, die die Verbindlichkeit evangelischen Bekennens und einer entsprechenden Lebensführung steigerten. Die im Vergleich mit dem Luthertum größere Bedeutung der Kirchenzucht im reformierten Protestantismus dürfte indirekt vor allem durch die täuferische Herausforderung provoziert gewesen sein.

Auch das Verhältnis der Täufer zur zeitgenössischen *Medienkultur* war vielschichtig. In der Anfangszeit gehörten dem Druckgewerbe eng verbundene Akteure wie Hut, Denck, Hätzer oder der Rotenburger Schulmann Valentin Ickelshamer zu ihnen. Einige renommierte Drucker wie Peter Schöffer d. J. in Worms oder Philipp Ulhart in Augsburg verbreiteten jahrelang unerkannt täuferisches und radikal-reformatorisches Schrifttum. Balthasar Hubmaier agierte als durchaus erfolgreicher Publizist, der in ähnlicher Weise mit Flugschriften oder Katechismen auf die Öffentlichkeit einzuwirken versuchte, wie dies die Reformatoren und ihre römisch-katholischen Kontrahenten taten. Anhand eines gedruckten illustrierten Flugblatts von Hätzer ist dokumentiert, dass man sich in täuferischen Kreisen auch visueller Mittel der Glaubensunterweisung bediente. Zahlreiche Lieder, die allerdings nurmehr selten in gedruckter Form verbreitet wurden, zeugen außerdem davon, dass auch die Täufer an dem in den frühen 1520er-Jahren einsetzenden Boom des evangelischen Gemeindegesangs teilhatten.

In dem Maße, wie die Täufer Verfolgungen ausgesetzt waren, wurden arkane Kommunikationsmittel wichtig: nichtfirmierte Drucke oder handgeschriebene Traktate, Briefe, das Gespräch oder die gemeinsame Lektüre im vertrauten Kreis, geheime Zeichen und Losungen. In den stabiler organisierten täuferischen Gemeinschaften, insbesondere bei den Hutterern, wurde eine systematische bibliothekarische und chronikalische Traditionspflege betrieben, so dass sich dort auch Quellen aus der Frühzeit

Gott.
Jch byñ allein der einig Gott
Der alle ding on ghilff bschaffen hat
Fragst wie vil dañ meyner sey?
Allein biñ ichs/myner sint nit drey
Wiss auch dar bey on allen wohn
Das ich gar nichts weys von person
Jch biñ/ vnd doch nit dis noch das
Dem ichs nit sag/der weyst nit was.

Mittler Emanuel.
So du dañ woltest bey mir sein/
Jn mynem hoff gehn vß vnd ein.
Zů solchem mag dir ein ding dienen
Das findst bey Christo vnd sunst nyenen
Nemlich dein creütz/solts vff dich nem̃en
Vnd dich mins nam̃ens nyenen bschäm̃en
Dañ wer mit Christo nit hie leidt
Dem sag ich zů/ er daussen bleibt.

«Kreuzgang»: Illustriertes Flugblatt von Ludwig Hätzer nach einem Bildentwurf von Hans Weiditz, Straßburg 1528/29 des Täufertums, in der Regel in handschriftlicher Überlieferung, erhalten haben. Wo es Täuferführern wie Hoffman, Simons oder Joris möglich war, bedienten sie sich auf sehr aktive Weise des Printmediums.

In täuferischen Gruppen wurden neben den gottesdienstlichen und zeremoniellen auch andere *kulturelle Praktiken* geübt, die nach innen integrierend, nach außen exkludierend oder auch provozierend wirkten. Dazu zählte die Fußwaschung (nach Joh 13,1–17), die von einzelnen täuferischen Gemeinden schon in der Frühzeit, später auch von einigen Mennoniten jeweils vor dem Abendmahl praktiziert und in dem *Doordrechter Bekenntnis* von 1632 sogar lehrmäßig fixiert wurde. Sie unterstrich den wechselseitigen geschwisterlichen Liebesdienst und die Demut. In Münster und wohl auch andernorts verwendeten die Täufer, jedenfalls vor der Übernahme der Herrschaft, untereinander spezielle Begrüßungsformen (Bruderkuss auf den Mund; Anrede mit der Formel «lieve bruder, Godes frede sei mit iw»; Antwort: «Amen»), während sie anderen Bürgern Gruß und Anrede verweigerten. Die täuferischen Frauen in der westfälischen Bischofsstadt und wohl auch in den Niederlanden trugen spezielle Hauben, an denen man einander erkannte. Gemäß dem durchschnittlichen sozialen Status der Täufer wurde schlichte Kleidung bevorzugt. Luxus galt gemeinhin als weltförmig und dekadent und war mit dem eigenen Heiligkeitsstreben nicht vereinbar. Bei subversiv operierenden Täufern wie der Gruppe um Hans Römer ist die Verwendung bestimmter Losungen oder geheimer Zeichen bezeugt, wie sie auch bei Räubern oder Soldaten üblich waren. Auch spezielle Münzen oder Tonmedaillons konnten als Erkennungszeichen dienen.

Ekstatische Entkleidungsakte wie in Appenzell (siehe S. 33) oder, im Februar 1535, bei den Amsterdamer Nacktläufern («Adamiten») setzten in Szene, dass man sich, alles Irdischen entblößt, als «neue Kreatur» verstand. Ähnliches dürfte für die Deutung symbolischer Kommunikationsformen wie Buß-, Gebets-, Tanz- und Umarmungsrituale gelten, die unter anderem in Münster belegt sind. Einzelne Täufergruppen, etwa die in Francks *Geschichtsbibel* genannten «Schweigenden Brüder», befolgten spezielle Regeln bezüglich Bekleidung, Haartracht und Ernährung, andere wie die Waterlanders passten sich weitgehend an den urbanen Lebensstil der reformierten Mehrheitsgesellschaft an. Eine kulturgeschichtliche Erforschung des Täufertums, die noch in den Anfängen steckt, dürfte interessante Einblicke in die innere Vielfalt der zeitgenössischen Gesellschaften eröffnen.

6. Von der Alten in die Neue Welt (17. und 18. Jahrhundert)

Die Existenz- und Überlebensbedingungen des Täufertums waren in den verschiedenen europäischen Ländern zwischen dem 16. und 18. Jahrhundert sehr unterschiedlich. Generell nahm die Toleranz gegenüber den Täufern im Verlauf der Frühen Neuzeit sukzessive zu. Die rechtlich verbürgte Religions- und Gewissensfreiheit, wie sie mancher Vertreter des «linken Flügels» schon im 16. Jahrhundert – nicht selten unter Berufung auf den jüngeren Luther! – gefordert hatte, setzte sich durch, Religion wurde infolge der Aufklärung weitgehend zur Privatsache. Und so fanden Verfolgung und systematische gesellschaftliche Marginalisierung der Täufer in der Regel in den meisten europäischen Ländern im Laufe des 18. Jahrhunderts ein Ende.

Pietisten, Neutäufer und andere «Wiedertäufer»

Aufs Ganze gesehen nahmen die Täufer ähnliche Entwicklungen wie andere deviante religiöse Gruppierungen, deren Zahl und Bedeutung seit der zweiten Hälfte des 17. Jahrhunderts stetig zunahm. Die «Schwenckfelder» etwa, also die Anhänger des Spiritualisten Kaspar von Schwenckfeld, schlossen sich besonders in Schlesien zu langlebigen Gemeinschaften zusammen. Die «Quäker» (von engl. *to quake* = zittern), eine in den Wirren des englischen Bürgerkrieges entstandene radikale Formation, die die verfassten Kirchen und ihre Sakramente ablehnte, in ekstatischen, von konvulsivischen Zuckungen und Zungenreden begleiteten Gottesdiensten urgemeindliche Geisterfahrungen durchlebte, missionierten seit den späten 1650er-Jahren auch auf dem Kontinent. Die Pietisten, eine in sich vielfältige außer- wie innerkirchliche Bewegung, riefen zu entschiedenerer Christlichkeit, Verinnerlichung, tätiger Heiligung und verbindlicher Gemeinschaft auf. Mit diesen neuen religiösen Gruppierungen interagierten auch die Täufer auf mancherlei Weise. Häufig bildeten die jeweils anderen devianten Gruppen die ersten Ziele von Missionsoffensiven. Unter den Mennoniten etwa waren quäkerische Missionare besonders erfolgreich; in Krefeld tauchten sie bereits 1657 auf. Der Pietismus beeinflusste auch mennonitische Gemeinden, ließ sie wachsen und zu den «Stillen im Land» werden. In Russland sind Kontakte zwischen Hutterern und Herrnhutern bezeugt; auch in Nordamerika suchten die einem überkonfessionellen Christentum verpflichteten Brüder des Grafen von Zinzendorf Kontakte zu den Täufern. Jenseits des Atlantiks ergaben sich neue, in Europa unvorstellbare Interaktionen zwischen vielfältigsten religiösen Traditionen.

Auch im Falle der *Schwarzenauer Brüder* oder *Neutäufer*, auch Tunker, Dunker oder Dompelars genannt, waren die Übergänge zwischen radikalem, separatistischem Pietismus und Täufertum fließend. Die Anfang August 1708 durch die Taufen von drei Frauen und fünf Männern im Wittgensteinischen Schwarzau entstandene Gruppierung – heute «Kirche der Brüder», Church of the Brethren, genannt – ist eine aus dem radikalen Pietismus erwachsene täuferische Neubildung. Die Neutäufer praktizierten – ähnlich wie die Baptisten (siehe Kapitel 7) – eine Glaubenstaufe durch dreimaliges Untertauchen (Immersionstaufe). Im Unterschied zu mystisch-spiritualistischen Tendenzen im radikalen Pietismus zielten sie auf die Bildung einer sichtbaren Heiligkeitsgemeinschaft ab. In Anlehnung an den pietistischen Historiker Gottfried Arnold wollte man, ganz biblizistisch, zu der Form der Taufe von Mündigen zurückkehren, die die Urkirche praktiziert hatte. Das Abendmahl feierten die Neutäufer in Verbindung mit der Fußwaschung als

Liebesmahl einer geheiligten Gemeinschaft. Anders als die Mennoniten entfalteten sie missionarischen Eifer; ihre Kampagnen erstreckten sich von Wittgenstein aus auf die Wetterau, die Pfalz, den Niederrhein, Altona, Basel und Bern, 1715 fassten sie in Krefeld Fuß. 1719 wanderten zwanzig neutäuferische Familien nach Pennsylvania aus, wo sie sich überwiegend in Germantown (siehe S. 98) niederließen. Um 1730 spaltete sich dort eine Gruppe ab, die eine quasi-mönchische Existenzweise wählte und zur Heiligung des Sabbat überging: die *Gemeinschaft von Ephata*. In Friesland gingen die Tunker engere Verbindungen mit den Mennoniten ein, mit deren Vorstellungen sie ja in den identitätsbildenden Fragen (Glaubens- statt Kindertaufe; Eides- und Kriegsdienstverweigerung) übereinstimmten.

In der Perspektive der Obrigkeiten der konfessionellen Gemeinwesen und in der Sprache ihrer einschlägigen Aktenüberlieferungen handelte es sich bei den meisten neueren Gruppierungen – Neutäufer, Quäker, Pietisten – um «Wiedertäufer». Verfolgt wurden sie daher bis ins 18. Jahrhundert hinein überwiegend aus politischen Gründen, denn seit dem Bauernkrieg und dem Täuferreich saß die Angst vor Aufruhr tief.

Zwischen Verfolgung, Duldung und Integration

In Maßnahmen gegen die Täufer sah man auch seitens protestantischer Obrigkeiten keinen Angriff auf die Gewissensfreiheit, sondern primär eine Aufgabe der «policey». Je ruhiger und unauffälliger die Täufer lebten, desto unbehelligter blieben sie. In hutterischen Gemeinden des 18. Jahrhunderts etwa wurden selbst markante, in der Frühzeit identitätsprägende Lebensformen wie die Gütergemeinschaft aufgegeben.

Konfessionell bedingte Muster im Umgang mit den Täufern sind kaum erkennbar, aber regionale. Die Kantone der reformierten Schweiz agierten deutlich anders als ihre Glaubensbrüder in den Niederlanden oder das reformierte Herrscherhaus der brandenburgisch-preußischen Hohenzollern. Mit Ausnahme der habsburgischen Territorien waren die katholischen Länder Europas weitgehend «täuferfrei». Unter den lutherischen Ständen gab es einzelne, die multikonfessionelle Experimente tolerierten, und andere, die mit ihren Maßnahmen gegen die Pietisten auch andere deviante Gruppierungen wie Schwenckfelder und Täufer trafen.

Im Unterschied zur Duldung und Toleranz in Nordamerika gab es in Europa ein breites Spektrum religionsrechtlicher und -politischer Regelungen, Regime und Verhältnisse. Gelegentlich wurden sogar verschiedene täuferische Gruppierungen innerhalb desselben Herrschaftsverbandes unterschiedlich behandelt. Während man bespielweise zwangskonvertierten Hutterern im habsburgischen Oberungarn noch in den 1780er-Jahren die Rückkehr zu ihrem alten Glauben verweigerte, wurden Mennoniten als Siedler in Galizien eingebürgert. In einigen schweizerischen Kantonen waren die Täufer bis ins 18. Jahrhundert hinein scharfen Verfolgungen ausgesetzt.

Mit Wechseln zwischen Duldung und Verfolgung, mit Privilegierungen, die widerrufen werden konnten, lebten die Täufer im Königlichen Preußen, im Herzogtum Preußen – in größerer Zahl im Ostseeraum um Danzig und Elbing – und in Preußisch-Litauen, in der Ukraine – von wo sie nach 1918 bis nach China vertrieben wurden –, in einzelnen reformierten Adelsherrschaften des Habsburgerreichs und in einigen deutschen Territorien (Pfalz, Elsass, Jülich-Berg, Ostfriesland, Eiderstedt). Weitreichende Religionsfreiheit genossen die Mennoniten in einigen kleineren Städten wie dem nordfriesischen Friedrichstadt, in Glückstadt an der Unterelbe, in Altona bei Hamburg oder in Krefeld (Grafschaft Moers). Dort versuchten die jeweiligen Landesherrn, Handelsstädte zu etablieren, und bedienten sich dafür bevorzugt verfolgter religiöser Gruppen – neben den Täufern waren dies holländische Remonstranten (siehe S. 99) und sephardische Juden. Krefeld wurde so zu einem prosperierenden Zentrum der Seidenproduktion; im Laufe des 17. Jahrhunderts waren mehr als ein Viertel seiner Einwohner Täufer, unter ihnen zahlreiche wohlhabende Betreiber erfolgreicher Manufakturen. Mit dem Wohlstand stieg ihre gesellschaftliche Anerkennung und wich das Befremden gegenüber ihrer religiösen «Andersartigkeit». Dass sich auch Glieder der Staatskirchen den Täufern zuwandten, wurde von den konfessionellen Theologen mit Argwohn betrachtet und führte immer wieder einmal zu Ausweisungen oder Deportationen.

In der niederländischen Republik genossen die Täufer weitestgehende Toleranz, ja sie waren gesellschaftlich integriert, assimilierten sich an die bürgerlich-urbane Kultur und nahmen auch politisch am Gemeinwesen teil. So beteiligten sich holländische Mennoniten im späten 18. Jahrhundert an der Finanzierung militärischer Vorhaben. Sie unterstützten revolutionäre Umtriebe gegen die dem holländischen Königshaus verbundene calvinistisch dominierte Oligarchie oder auch die Amerikanische Revolution. Vielfach liefen bei niederländischen Täufern, besonders in der Handelsmetropole Amsterdam, Informationen über verfolgte deviante religiöse Gruppen aus ganz Europa zusammen; von hier aus wurden auch Maßnahmen zu deren Rettung organisiert. Selbst die Befreiung von Täufern, die 1714 auf sizilianische Galeeren verbannt oder 1716 in Jülich zur Zwangsarbeit verurteilt worden waren, gelang dem Netzwerk der holländischen Mennoniten.

Die Gemeinden der Schweizer Brüder waren im späteren 16. und im 17. Jahrhundert oft wenig sichtbar. Dass sie weiter existierten, ist vor allem dadurch gesichert, dass sie im Fokus der sie bekämpfenden kantonalen Obrigkeiten standen. Vielfach praktizierten einzelne Täufer und ihre Familien «nikodemitische» Strategien: Äußerlich waren sie Mitglieder der reformierten Mehrheitskirche, heimlich aber nahmen sie an den Versammlungen ihrer Untergrundgemeinden teil. Manche ließen auch ihre Kinder taufen, da deren Erbberechtigung daran gebunden war; auch gingen sie zum Abendmahl in der Staatskirche. In den 1580er-Jahren sind Besuche mennonitischer und hutterischer Missionare aus den Niederlanden und aus Mähren im Kanton Zürich bezeugt, die – wie es scheint – dazu führten, dass schweizerische Täufer in die entsprechenden Gebiete emigrierten. Auch setzten sich wohlhabende und einflussreiche niederländische Mennoniten gegenüber schweizerischen Magistraten – freilich erfolglos – für Glaubensbrüder ein, die ständigen Repressionen, Inhaftierungen, Folter, vereinzelt auch Exekutionen ausgesetzt waren. Seit den 1660er-Jahren waren Hunderte von Schweizer Brüdern aus Zürich, in den 1670er- und 1690er-Jahren auch aus Bern, geflohen, wo von den Behörden Unterdrückungsstrukturen einschließlich eines Spionagenetzwerks institutionalisiert worden waren. Dass die Verfolgungen in den deutschschweizerischen Kantonen des späteren 17. Jahrhunderts intensiviert wurden, hing offenbar mit einem rapiden Wachstum der täuferischen Gemeinden zusammen, denn in den 1670er- und 1680er-Jahren hatten sich ihnen – pietistisch infiltriert – auch zahlreiche Konvertiten aus den Staatskirchen zugewandt. Die Hauptziele dieser täuferischen Glaubensflüchtlinge waren das Elsass, der Oberrhein und die Pfalz, wo ihnen Obrigkeiten mit Toleranz begegneten. Sie erhofften sich von den fleißigen Bauern und tüchtigen Handwerkern einen ökonomischen Aufschwung ihrer durch den Dreißigjährigen Krieg darniederliegenden Gebiete. 1710/11 finanzierten niederländische Mennoniten einen größeren Auszug bernischer Brüder, die einerseits in die Pfalz, andererseits in neugegründete Mennonitensiedlungen in Nordamerika emigrierten.

Nordamerika: Freiraum für Amische, siebenbürgische Hutterer, Puritaner, Quäker

Die Spannungen zwischen in der Schweiz verbliebenen und ins Elsass emigrierten Brüdern spitzten sich in den 1690er-Jahren dramatisch zu. Eine Gruppe um den Ältesten *Jakob Ammann*, der aus dem Kanton Bern stammte und ins Elsass geflohen war, trat für eine vollständige «Meidung» ein, das heißt eine radikale Kontaktsperre gegenüber gebannten Gemeindegliedern. Sodann forderten er und seine Anhänger, die man die *Amischen* nannte, dass die Fußwaschung als verbindlicher Ritus praktiziert werden sollte. Außerdem bestanden sie darauf, dass die sogenannten «Treuherzigen», das heißt Sympathisanten der Täufer, die diesen in Zeiten der Verfolgung Hilfe und Unterschlupf gewährt, aber die Glaubenstaufe nicht empfangen hatten, als Teil der «Welt» bewertet und damit der ewigen Verdammnis anheimgegeben werden müssten. Unter den Bedingungen religiöser Toleranz, die den Amischen im Elsass gewährt wurde, verfochten sie also eine radikal-separatistische Ideologie, die dem Täufertum seit seinen Anfängen als Option inhärent war.

Zu Beginn des 18. Jahrhunderts wanderten viele der Amischen nach Nordamerika und in den Osten Kanadas aus; weitere Gruppen folgten um die Mitte des 19. Jahrhunderts. Sie konservierten dort ihren überkommenen agrarischen Lebensstil und ihren archaisch anmutenden frühneuhochdeutschen Dialekt. Die Amischen verachten bis heute jede Form von Luxus, leben in verbindlichen Gemeinschaften, verweigern die Benutzung moderner Technik und feiern ihre Gottesdienste nicht in Kirchen sondern in Wohnhäusern. Ihre als «unkonventionell» empfundene Lebensart zieht Aufmerksamkeit auf sich und gilt manchem Zivilisationsmüden als alternativ.

Infolge der habsburgischen Rekatholisierungspolitik, die in Mähren während des Dreißigjährigen Krieges forciert betrieben wurde, brachen für die Hutterer schwierigere Zeiten an. Eine kleine überlebende Gruppe emigrierte nach Siebenbürgen, eine andere in die Slowakei; letztere erlag den von den Jesuiten betriebenen Zwangskonversionen. Nach einer zeitweiligen Aufgabe der Gütergemeinschaft fanden die *siebenbürgischen Hutterer* in den 1760er-Jahren zu ihrer ursprünglichen Lebensform zurück. Eine neuerliche Verfolgungswelle trieb sie in die Flucht; über die Walachei gelangten sie in die Ukraine, wo sie ein gutes Jahrhundert überleben konnten. Die Einführung der Wehrpflicht veranlasste auch sie 1874 zur Emigration nach Nordamerika, wo bis heute rund 30 000 von ihnen auf etwa dreihundert Bruderhöfen leben.

Dass Nordamerika und Kanada seit dem 17. Jahrhundert zu den wichtigsten Zielen devianter religiöser Gruppierungen aus Europa, auch der Täufer, wurden, hing mit den neuartigen rechtlichen, politischen und kulturellen Bedingungen zusammen, die sie dort erwarteten. Denn neben jenen englischen Kolonien, die – wie die spanischen und französischen – zunächst staatskirchenanaloge Strukturen ausgebildet und damit die europäischen Konfessionskirchen in die Neue Welt importiert hatten, entwickelten sich andere Gemeinwesen, insbesondere in Penn-

Leben wie in der Vormoderne: Amish People in den USA

sylvania und Rhode Island, die auf dem Prinzip der allgemeinen Glaubens- und Religionsfreiheit basierten. Die spezifische Entwicklung, die Nordamerika seit dem 17. Jahrhundert nahm und es zu einem religionskulturellen Laboratorium eigener Art machte, zeitigte Wirkungen, die bis heute anhalten und für die westliche Welt im Ganzen prägend geworden sind. Sie sind eine Folge der einzigartigen Gemengelage unterschiedlichster Sekten und Glaubensrichtungen, die es nur dort gab. Auch in Bezug auf nicht-europäische Ethnien – insbesondere die indigene Bevölkerung und die seit dem letzten Drittel des 17. Jahrhunderts in Massen hierher deportierten afrikanischen Sklaven – ergaben sich in Nordamerika Konstellationen, Konflikte und Lösungen, die in der alten Heimat der Täufer unbekannt waren.

In Maryland, der von Virginia, dem ersten stabilen Stützpunkt der Engländer, abgetrennten Kolonie, wurde 1649 durch einen Erlass des katholischen Lords von Baltimore ein im damaligen Europa undenkbares Religionsregime verfügt: Kein die Dreieinigkeit Gottes anerkennender Christ, gleich welcher Konfession, solle «wegen oder hinsichtlich seiner Religion gestört, belästigt oder missbilligt» oder an «der freien Ausübung derselben» gehindert werden.

Besonders wichtig für die religionskulturelle Entwicklung Nordamerikas wurde die Ansiedlung radikaler Dissidenten der Anglikanischen Staatskirche, der sogenannten *Puritaner,* in Neuengland. Sie waren strenge Calvinisten, die die episkopale Kirchenverfassung, die katholische Liturgie, den Priesterhabit und biblisch nicht verbürgte Zeremonien ablehnten und den Anspruch erhoben, die in der Reformation angelegten Impulse endlich umzusetzen. Sie drangen auf wirksame Kirchenzucht, Sonntagsheiligung und moralische Disziplinierung, zeigten also gewisse Gemeinsamkeiten zu täuferischen Überzeugungen und Lebensformen. Wachsender Druck seitens der staatskirchlichen Hierarchie in England zwang zahlreiche Puritaner ins Exil nach Irland, in die Niederlande – und nach Amerika. Die 1620 mit der *Mayflower* bei Cape Cod anlandende Gruppe der etwa hundert «Pilgerväter» (Pilgrim Fathers) rekrutierte sich aus Puritanern aus dem niederländischen Exil und separatistischen Kongregationalisten aus England, die im Untergrund die Reinheit ihrer Heiligkeitsgemeinschaft gepflegt hatten und die enge Verzahnung kirchlicher und politischer Gewalt in der anglikanischen Staatskirche radikal verneinten. In der Plymouth Plantation wurde ein «staatsfreies» kongregationalistisches, also von jeder äußeren hierarchischen Einflussnahme unabhängiges Kirchenverfassungsmodell etabliert.

Während des weiteren 17. Jahrhunderts kamen immer mehr puritanische Einwanderer nach Neuengland, seit den 1630er-Jahren besonders in die neugegründete Massachusetts Bay Colony. Sie reisten zumeist in Familienverbänden, was die soziale Zusammengehörigkeit stabilisierte, Nachkommenschaft sicherte und eine intensive religiöse und moralische Erziehung gewährleistete. Die sozialen, kulturellen, religiösen und mentalitätsmäßigen Dispositionen der Puritaner wiesen manche Parallelen zu den Gruppierungen des europäischen Täufertums auf. Jedoch bauten sie ein Kirchenwesen auf, in dem nur die «sichtbaren Heiligen», also diejenigen, die von ihrer Bekehrung und inneren

Läuterung ein öffentliches Bekenntnis ablegten und am Abendmahl teilnahmen, auch das Wahlrecht besitzen sollten. In dieser Vermischung von politischer und geistlicher Ordnung unterschieden sich die Puritaner grundlegend von den kontinentaleuropäischen Täufern.

Mit der Restauration der Stuartherrschaft (1660–1688) setzte eine offensive und aggressivere Phase der englischen Kolonialpolitik ein. Sie äußerte sich in der Zurückdrängung der niederländischen und der französischen Konkurrenz und in einer Ausweitung des eigenen Herrschaftsbereichs. Seit den 1660er-Jahren verlieh der englische König einer Reihe neuer Kolonien – etwa New Jersey, Delaware, Pennsylvania und South Carolina – Gründungsprivilegien, mit denen er weitgehende Religionsfreiheit gewährte.

Schon eine Generation früher hatte sich auf Rhode Island unter der Führung von *Roger Williams*, einem ehemaligen Pfarrer aus Salem, eine puritanische Kolonie gebildet, die wegen der hier gewährten religiösen Freiheiten selbst unter den Kolonien Neuenglands Aufsehen erregte: Alle protestantischen Sekten, aber auch Juden und sogar Katholiken durften ihre Religion frei ausüben; jede Verbindung von weltlich-politischer und religiöser Organisation wurde verworfen. Williams, der sich nur kurzzeitig den Baptisten (siehe Kapitel 7) angeschlossen hatte, war überzeugt, dass Christus bei seiner bald erwarteten Wiederkunft eine neue Kirche aus allen Glaubensrichtungen errichten werde.

Auf Rhode Island wurden auch die Quäker geduldet. Überall sonst, in Europa, aber auch in Massachusetts, verfolgte man sie. In ihrem religiösen Profil wies diese von dem Wanderprediger *George Fox* gegründete Gruppierung gewisse Parallelen mit den Täufern auf: Auch die Quäker hielten die Staats- und Konfessionskirchen für antichristliche Depravationen; auch sie propagierten einen urgemeindlichen Primitivismus und betonten eine aktive Rolle aller Gemeindeglieder sowie eine unhierarchische Gemeinschaftsstruktur; auch sie verweigerten den Militärdienst und jeden Eid. In ihrer Absage an liturgisch strukturierte Gottesdienste, in ihrer Ablehnung von Steuerforderungen und Ehrbarkeitserweisen gegenüber Obrigkeiten aller Art, in ihrer Verwerfung der Sakramente und in ihrem spiritualistisch-mystischen Vertrauen auf eruptive Manifestationen des Geistes aber gingen sie über die meisten täuferischen Gruppierungen hinaus. 1672 bereiste Fox die Kolonien und gründete in Maryland und den Carolinas erste «Versammlungen».

Der Quäker William Penn gehörte zu einer Gruppe von reichen Glaubensbrüdern, die seit den 1670er-Jahren die von der englischen Krone eroberten niederländischen Gebiete New Jerseys erwarben. Als Publizist war Penn in seiner englischen Heimat für die Glaubensfreiheit als göttliches Recht eingetreten. In der Neuen Welt, in dem später nach ihm benannten Gründerstaat Pennsylvania, realisierte er nun seine Vision: 1683 gründeten dreizehn deutsche und niederländische Quäker- und Mennonitenfamilien, die von dem Frankfurter Radikalpietisten Francis Pastorius nach Amerika geführt worden waren, eine Siedlung, die später Germantown hieß. Sie waren die ersten deutschsprachigen Siedler Nordamerikas. Um 1700 folgten kontinentaleuropäische Täufergruppen und Baptisten aus England und Wales. Nennenswerte Missionsversuche gegenüber Indianern und afrikanischen Sklaven unternahmen diese Neusiedler nicht – sei es aus Überzeugung, sei es, weil sie von Sklavenhaltern daran gehindert wurden. In der zweiten Hälfte des 18. Jahrhunderts aber gingen von Pennsylvania entscheidende Impulse des Kampfes gegen die Sklaverei aus.

7. Ein neuer Spross: Die Baptisten (ab 1608)

Aus der Sicht jener täuferischen Gemeinden, deren Wurzeln in die Reformationsgeschichte zurückreichen, stellen die Baptisten ein im Ganzen neuartiges Phänomen dar, einen sekundären Spross am Stamm des historischen Täufertums. Allerdings beziehen die Baptisten selbst ihre historische Identität durchaus auch auf jene Prozesse, die in den 1520er-Jahren in Zürich begannen (siehe Kapitel 1). Konfessionsgeschichtlich handelt es sich bei ihnen um eine Weiterentwicklung und Transformation der puritanischen Bewegung in ihrer vielfältigen reformiert-calvinistischen Tradition, die ihre Mitglieder moralisch läutern und die weithin selbständig organisierten separatistischen Gemeinden der «Reinen» aus allen Verquickungen mit dem Staat lösen wollte.

Puritanische Wurzeln in England

Als historischer Ausgangspunkt der Baptisten gilt folgende Episode: Eine kleine Gruppe von Puritanern unter der Führung des Theologen John Smith und des Juristen Thomas Helwys floh 1608 ins Exil nach Amsterdam. Dort schloss sie sich zu einer auf Freiwilligkeit und Gegenseitigkeit basierenden Bundesgenossenschaft *(convenant)* zusammen. Nachdem Smith, vielleicht unter mennonitischem Einfluss, zu der Erkenntnis gelangt war, dass nur eine Bekenntnistaufe im Erwachsenenalter dem Neuen Testament entspreche, hatte er sich zunächst selbst, dann Helwys und die anderen Bundesgenossen getauft. Helwys kehrte mit einigen Anhängern 1611/12 nach London zurück; im Vorort Spitalfields gründeten sie die erste Baptistengemeinde Englands. Smith und Helwys standen dem Gedankengut der niederländischen Remonstranten nahe. Sie setzten voraus, dass alle, die zum Glauben an Christus gelangten, erlöst würden – im Unterschied zur orthodox-calvinistischen Prädestinationslehre, nach der die Zahl der Erlösten auf die in Gottes ewigem Ratschluss Erwählten beschränkt war. In Konkurrenz zu den 1638 entstehenden konservativeren «Particular Baptists», die im Schlagschatten der orthodox-calvinistischen Prädestinationslehre verharrten und sich wegen der Tauffrage von den Puritanern getrennt hatten, wurden die Anhänger von Smith und Helwys als «General Baptists» bezeichnet. Diese beiden Richtungen bestanden bis ins 19. Jahrhundert fort. Hinsichtlich der Taufpraxis (dreimaliges vollständiges Untertauchen zur Symbolisierung des Mitsterbens und der Mitauferstehung mit Christus nach Röm 6) stimmten sie überein.

Seit den 1640er-Jahren entfalteten die missionarisch aktiven Particular Baptists eine größere Dynamik als die General Baptists, und zwar sowohl in England als auch in Nordamerika. Unter den Bedingungen des englischen Bürgerkrieges und in der Ära Cromwells (1640–1660) stießen ihre freiheitlichen und demokratischen Ideale auf breitere Zustimmung. Als einer ihrer wichtigsten religiösen Anreger gilt der Frömmigkeitsautor *John Bunyan*. Der gelernte Kesselflicker und Bürgerkriegsveteran verfasste eine der einflussreichsten christlichen Autobiographien (1666) der Frühen Neuzeit. Darin beschreibt er in subtilen Selbstbeobachtungen seine Bekehrung mit all ihren Versuchungen, Anfechtungen, Gewissensnöten und dem Wunder der Vergebungsgewissheit. Bunyan lebte seine Frömmigkeit in einer puritanischen Gemeinde von Independenten. Auch dass er als Erwachsener eine zweite Taufe empfing, machte ihn für die Baptisten zu einer Bezugsfigur. Als im Zuge der 1660 einsetzenden Restitution der Stuartmonarchie religiöse Devianz mit staatlichen Machtmitteln unterdrückt wurde, trat Bunyan als Vorkämpfer einer freien Religionsausübung auf, wofür er insgesamt zwölf Jahre im Gefängnis saß. In der Haft schrieb er das 1678 erschienene Buch *Pilgrim's Progress*; es wurde eines der erfolgreichsten Erbauungsbücher der westlichen Christenheit überhaupt. In romanhafter Form schilderte er darin den Lebensweg eines Christen als bewegte, von Anfechtungen, Erlösungserfahrungen, Rück- und Fortschritten geprägte Pilgerreise in die himmlische Stadt.

Aufgrund der Toleranzakte von 1689 erhielten die Baptisten in England größere Entfaltungsmöglichkeiten. Doch zu einer ausstrahlenden Kraft wurden die Particular Baptists in Europa erst in der zweiten Hälfte des 18. Jahrhunderts, als sie die von John Wesley, dem Begründer des Methodismus, angestoßene Erweckungsbewegung erfasste und zu äußerer Mission anregte. Im Sinne der religiösen Grundidee der Erweckung, allen Menschen die universale Erlösung in Christus nahezubringen, verschliffen sich auch bei den Baptisten die markanten calvinistischen Lehrpositionen, so dass es zu Annäherungen zwischen «Particular» und «General Baptists» kam. Im Jahr 1891 schlossen sie sich schließlich in der «Baptist Union of Great Britain and Ireland» zusammen.

Der Prediger *William Carey*, der in Indien wirkte, Bibelübersetzungen schuf und wichtige Beiträge zur Erforschung indischer Sprachen leistete, steht exemplarisch für den Beginn der Epoche der baptistischen Weltmission. Seine Grundsätze – die wirtschaftliche Unabhängigkeit der Missionare, ein verbindliches Gemeinschaftsleben, der Aufbau einer indigenen Geistlichkeit als Ziel der Heidenbekehrung etc. – sollten die Mission von kolonialpolitischen Verflechtungen unabhängig halten und erwiesen sich als wegweisend. Der in London wirkende Baptistenprediger *Charles Haddon Spurgeon*, der berühmteste Prediger Englands in der zweiten Hälfte des 19. Jahrhunderts, steht für die Strahlkraft der baptistischen Mission nach innen. Durch seine weit verbreiteten Schriften erlangte eine Theologie, die die liberalen und historisch-kritischen Tendenzen des konfessionskirchlichen Protestantismus ablehnte, ein breites Echo in der gesamten englischsprachigen Welt.

Die Erweckungsbewegung in Nordamerika

Die Anfänge des Baptismus in Nordamerika gehen auf den schon erwähnten Roger Williams (siehe S. 97) auf Rhode Island zurück. Dieser war zuvor Anglikaner, Puritaner und Separatist gewesen, dann aber zu der Gewissheit gelangt, dass allein die Glaubenstaufe dem Neuen Testament entspreche. 1639 hatte er sich deshalb von einem Laien taufen lassen und diesen dann seinerseits, zusammen mit zehn weiteren Personen, getauft – die erste Baptistengemeinde Nordamerikas war geboren. Auch wenn sich Williams schon bald wieder von der Gemeinde trennte, blieben die von ihm vertretenen, in Rhode Island verwirklichten Prinzipien der allgemeinen Religionsfreiheit und der Trennung von Kirche und Staat für den Baptismus prägend.

Während der folgenden hundert Jahre wuchsen die Baptistengemeinden in Rhode Island und in den mittelatlantischen Kolonien nur langsam. Zwei protestantische Erweckungsbewegungen im 18. und im frühen 19. Jahrhundert sowie die fortschreitende Besiedlung des Westens bescherten den Baptisten schließlich immense Wachstumsraten, setzten große missionarische Energien frei und wirkten schließlich auf die Alte Welt zurück.

Die Anfänge der «Ersten großen Erweckung» in Nordamerika gehen in die 1730er-Jahre zurück und hatten vor allem in kongregationalistischen Gemeinden – der Puritaner, aber auch der Baptisten – ihren Ausgangspunkt. Dieser religiöse Intensivierungsschub gilt als Initial des bis heute nachwirkenden Evangelikalismus. Evangelikale Frömmigkeit war und ist durch die persönliche Erfahrung der Wiedergeburt und den vertrauten Umgang mit dem «lebendigen Heiland» und seinem Wort geprägt; von gelehrtem theologischem Wissen bleibt sie weithin unberührt. Sie zielt auf eine ständeübergreifende, antihierarchische, dem Priestertum aller Gläubigen verpflichtete Gemeinschaft ab. Für einige der baptistisch Erweckten vor allem im 19. Jahrhundert wurde charakteristisch, dass sie Zugänge auch zu den Randgruppen, den schwarzen Sklaven und den Indianern – hier freilich mit deutlich geringerem Erfolg –, suchten, dass sie auch deren eigenständige Aneignungen der biblischen Befreiungsbotschaft förderten und damit zur Stärkung ihres ethnischen Selbstbewusstseins beitrugen. Insofern kamen durch den Baptismus antiautoritäre und demokratische Potenziale zur Geltung. Der Großteil der Baptisten bejahte die revolutionäre Loslösung von England. Die distanzierte Haltung zur Gewalt, die in weiten Teilen des älteren Täufertums dominiert hatte, teilten die Baptisten nicht, was ihrer Verwurzelung im Reformiertentum entsprach.

Eine Schlüsselfigur der «Ersten großen Erweckung» war der Methodist *George Whitefield*. Er erreichte mit seinen Predigtreisen Tausende von Hörern, was auch zur Gründung separatistischer Baptistengemeinden mit einem evangelikalen Profil führte. In der zweiten Hälfte des 18. Jahrhunderts gingen von eben diesen Gemeinden entscheidende Impulse für Neugründungen in den südlichen Kolonien aus. Zwischen 1740 und 1780 verfünffachte sich die Zahl der nordamerikanischen Baptistengemeinden von 90 auf 450; in den Jahrzehnten um 1800 waren es mehr als 1000, 1860 bereits 12000. An der Wende zum 19. Jahrhundert waren die Baptisten nach den Methodisten die zweitgrößte protestantische Gruppierung geworden. In dieser Zeit schlossen sich die baptistischen Gemeinden zusammen, um die Aufgaben der inneren und äußeren Mission gemeinsam und effizienter anzugehen. Insbesondere unter den Anglikanern machten sie viele Proselyten.

In Connecticut, Virginia, Georgia, North und South Carolina schlossen sich neu gegründete Gemeinden zu der «Philadelphia Baptist Association» zusammen – ein Meilenstein in der Ausbildung übergemeindlicher institutioneller Strukturen einer baptistischen Weltkirche. Bereits in den 1760er-Jahren richteten sie eine eigene Hochschule für die Ausbildung ihrer Pastoren ein. Verglichen mit anderen Erscheinungen des täuferischen Protestantismus zeigten sich die Baptisten – ihren anglikanisch-puritanischen Wurzeln entsprechend – durchaus bildungsaffin. Im Sog der frommen Inbrunst, auf Zeltversammlungen, in denen Tausende von Menschen zusammenströmten und Tag und Nacht gepredigt wurde, spielte gelehrte Theologie freilich nur eine geringe Rolle.

Die Erweckungsbewegung trug zu einem grundlegenden Wandel im Verhältnis zur Sklaverei bei. Dass auch den Mühseligen und Beladenen der Kolonialgesellschaft das Evangelium nahegebracht werden musste, schien den Erweckten weithin selbstverständlich. Nach der Revolution begannen Baptisten damit, in den Sklavenunterkünften zu predigen; um 1800 sollen bereits ein Viertel aller Baptisten Afroamerikaner gewesen sein. Im Unterschied zu den Quäkern, die eine Art Avantgarde des Kampfes gegen die Sklaverei bildeten, traten die Baptisten aber nicht durchgehend für den Abolitionismus an. Dennoch erreichten sie, ähnlich wie die Methodisten, dass sich viele Schwarze ihnen anschlossen. Dazu trug gewiss bei, wie Baptisten die Erfahrung der Liebe Gottes und des eigenen Selbstwertes vermittelten und dass sie sich gegenüber afrikanischen Traditionselementen und ekstatischen Ausdrucksformen in den Gottesdiensten offen zeigten. Möglicherweise half auch ihre Taufpraxis, die Dramatik einer lebenswendenden Bekehrung nachvollziehbar zu inszenieren. Die Fokussierung auf individuelle Erweckung und sittliche Vervollkommnung konnte freilich den Blick auf die sozialen Ungleichgewichte der Sklavenhaltergesellschaft verstellen. Häufig bildeten die Baptisten rassisch getrennte Kirchen, wobei jedoch führende Positionen in den schwarzen Baptistenkirchen von Afroamerikanern übernommen wurden. In einigen frühen schwarzen Gemeinden dienten auch befreite Sklaven als Pastoren. Einer von ihnen war *George Liele*. Sein Herr war erweckt worden und hatte ihn befreit. Liele gründete 1777 eine der ersten schwarzen Baptistengemeinden; um 1800 gab es in Nordamerika ein Dutzend von ihnen.

Die tiefgreifenden Gegensätze in der Haltung zur Sklaverei, die den Süden und den Norden Amerikas spalteten, führten auch zu einer Trennung zwischen den baptistischen Gemeinden. 1845 wurde die «Southern Baptist Convention», die die Sklavenhaltung befürwortete, gegründet; sie entwickelte sich während des kommenden Jahrhunderts zur größten protestantischen Glaubensgemeinschaft (Denomination) Nordamerikas. Dabei erwiesen sich die seit der Mission offensiv ausgebauten übergemeindlichen Strukturen als wirkungsvoll. Nach dem Amerikanischen Bürgerkrieg (1861–65) wurden forciert separierte schwarze Baptistengemeinden gegründet. Die christianisierte schwarze Bevölkerung war etwa zur Hälfte baptistisch; die eigenständige Kirchenorganisation war auch Ausdruck ihres Autonomiestrebens. Schwarze Baptistenprediger, unter ihnen *George Liele*, spielten bei der Durchsetzung von Bürgerrechten für Schwarze in der weiteren Geschichte Nordamerikas und weltweit eine maßgebliche politische Rolle.

Baptistische Gemeinden in Deutschland

Die Geschichte der Baptisten in Deutschland beginnt mit Johann Gerhard Oncken, der als Erweckungsprediger unter den Seeleuten im Hamburger Hafen tätig war. Um 1820 hatte er bei einer Reise nach London zu einem erweckten Glauben methodistisch-calvinistisch-independistischer Couleur gefunden. Am 22. April 1834 ließ er sich mit sechs Gleichgesinnten von dem amerikanischen Theologen Barnas Sears in Hamburg nach dem baptistischen Ritus der Urgemeinde taufen. Einem Protokoll ist zu entnehmen, dass die Getauften nach dem Modell der nordamerikanischen Baptisten einen wechselseitigen Bundesschluss (*convenant*) vollzogen, in dem die Rechte und Pflichten seiner Mitglieder vertraglich festgelegt waren. Er konstituierte somit die Gemeinde, die im vollen Sinne als Kirche galt.

Durch seine Tätigkeit als Kolporteur im Dienste mehrerer Bibelgesellschaften und als missionarischer Prediger schuf Oncken ein Netzwerk, das den Nukleus für die Entstehung der Baptistengemeinden in Europa bilden sollte. Neben Oncken gelten der aus der Herrnhuter Brüdergemeine zum Baptismus konvertierte Kupferstecher und Lithograph Gottfried Wilhelm Lehmann sowie der aus dem Judentum übergetretene Publizist Julius Köbner als Gründerfiguren des europäischen Baptismus. Im Jahr 1848 vereinigten sich die neu gegründeten preußischen Baptistengemeinden; ein Jahr später entstand unter Onckens Vorsitz der «Bund der vereinigten Gemeinden getaufter Christen in Deutschland und Dänemark». Vierzig Jahre später, 1888, wurde der Bund der Baptisten schließlich durch den Hamburger Senat, 1897 auch in Preußen als Rechtssubjekt anerkannt. Die Baptistengemeinden in Dänemark und Russland, die durch eng mit Deutschland verbundene Missionare entstanden waren, bildeten eigene nationale Bünde aus. 1908 trat der erste Europäische Baptistenkongress in Berlin zusammen; er schloss sich der kurz zuvor, 1905, in London gegründeten «Baptist World Alliance» an.

Das Bundesmodell ermöglichte auch den Baptisten in Deutschland, freikirchliche Strukturen oberhalb der Einzelgemeinde aufzubauen. Neben baptistischen Diakonissenhäusern (Berlin, Hamburg) und einem Waisenhaus entstanden schon gegen Ende des 19. Jahrhunderts ein eigener Verlag und eine Theologische Ausbildungsstätte. Auf dem Feld der Mission spielten neben den Predigern und Bibelkolporteuren auch wandernde Handwerker, die für den Baptismus gewonnen worden waren, eine nicht unwichtige Rolle. Nach angloamerikanischem Modell veranstaltete man ab den 1880er-Jahren außerdem Evangelisationswochen, die größere Menschengruppen anzogen. Gemäß dem Allgemeinen Priestertum der Gläubigen blieben neben den ordinierten Pastoren auch predigende Laien in baptistischen Gemeinden aktiv.

In der Zeit des «Dritten Reiches» schlossen sich pfingstkirchlich geprägte Gemeinden, die aus der Zeltmission Berlin-Lichterfeld entstanden waren, dem Baptistischen Bund an. 1941 fanden sich die Baptisten mit dem «Bund freikirchlicher Christen» zum «Bund Evangelisch-Freikirchlicher Gemeinden» zusammen. Nach dem Ende der DDR baute der BEFG ein Bildungszentrum in Elstal nahe Berlin auf; dort besteht auch eine seit 2003 als Fachhochschule staatlich anerkannte theologische Ausbildungsstätte. Heute gehören dem Bund ca. 83 000 Mitglieder an. Allerdings dürfte die Zahl baptistischer Christen in Deutschland aufgrund des Zuzugs von russlanddeutschen Aussiedlern deutlich höher liegen. Da diese zumeist einem strikt kongregationalistischem Gemeindeverständnis verpflichtet sind, lehnen sie übergreifende Strukturen und also die Mitarbeit im BEFG ab. Für die in ihm vereinigten Ortsgemeinden hingegen ist charakteristisch, dass sie zwar zentrale gemeinschaftliche Aufgaben (Diakonie, Jugendarbeit, Ausbildung von Mitarbeitern) auf Bundesebene organisieren, alle maßgeblichen Angelegenheiten einschließlich der Finanzfragen aber autonom regeln – in der «Gemeindestunde». Die Finanzierung basiert auf dem Prinzip der Freiwilligkeit. Einmal im Jahr tritt ein «Bruderrat» mit Delegierten aus allen Gemeinden zusammen, der Entscheidungen trifft, die für die Freikirche als ganze verbindlich sind.

Baptisten weltweit

Global gesehen stellen die Baptisten heute eine der großen protestantischen Denominationen dar. Der «Baptist World Alliance» gehören 214 Baptistenbünde mit über 41 Millionen getauften Mitgliedern an. Bezieht man Gäste und Kinder, also jene Personen, die noch nicht getauft sind, aber zu den Gemeinden gehören, mit ein, dann umfasst die baptistische Glaubensgemeinschaft weltweit über 100 Millionen Menschen; ca. 80 Prozent von ihnen leben in Nordamerika. Die Wachstumsquoten in Südamerika sind in jüngerer Zeit beträchtlich; hier hat sich die Zahl der Baptisten in den letzten fünfzig Jahren verzehnfacht und liegt bei 1,7 Millionen Gläubigen. Der Zusammenschluss der europäischen und asiatischen Baptisten umfasst 52 Mitgliedsbünde in 46 Ländern. Evangelisation ist weiterhin ein zentrales Anliegen der Baptisten. Sie wollen die Menschen für Christus gewinnen, in ihrem eigenen gesellschaftlichen Umfeld, aber auch weltweit, heute verstärkt in Westafrika und Südamerika. Die Gründung von Gemeinden ist vielfach mit intensiver Bildungs- und Sozialarbeit und dem Einsatz für die Menschenrechte verbunden.

Inzwischen weisen die Baptisten ein ähnlich breites Profil an Theologien und Frömmigkeitsstilen auf wie die Volks- und Landes- bzw. die großen Konfessionskirchen und die pluralistischen Gesellschaften, in denen sie vornehmlich leben. In ökumenischen Vereinigungen arbeiten sie in der Regel mit. Dass es in neuerer Zeit Bemühungen gibt, eine wechselseitige Kirchengemeinschaft zwischen den Baptisten und den evangelischen Landeskirchen anzuerkennen, zeigt, dass die elementaren Gemeinsamkeiten angesichts fortschreitender Säkularisierungsphänomene an Bedeutung gewinnen. Denn vor allem in Europa blieben auch den Baptisten Stagnation, nachlassendes Engagement oder Mitgliederschwund nicht erspart. An den Aufgaben des politischen Gemeinwesens beteiligen sie sich – im Unterschied zu manchen Vertretern des älteren Täufertums – selbstverständlich und vielfach mit besonderem Engagement. Das Prinzip der Trennung von Kirche und Staat ist für sie aber weithin handlungsleitend geblieben.

Epilog: Die Täufer in der Geschichte des Christentums

In seinen maßgeblichen Erscheinungen ist das Täufertum – einschließlich des Baptismus – vor allem in den Ausbreitungsräumen des protestantischen Christentums zur Geltung gelangt. Von seinen historischen Ursprüngen her und in seinen weiteren Entwicklungen ist es Teil jener Transformationsprozesse des lateineuropäischen Christentums, die mit der Reformation ein- und sich im Protestantismus fortsetzten. Eine besondere Resonanz in der Ostkirche oder im römischen Katholizismus erlangten die Täufer nicht. In wesentlichen Aspekten, in denen Luther, Melanchthon, Zwingli und Calvin bzw. die entstehenden reformatorischen Konfessionskirchen mit der Tradition der römisch-katholischen Papstkirche brachen, stimmten ihnen die frühen Täufer zu. Denn auch sie verwarfen religiöse Praktiken wie Wallfahrten, Ablässe, Messstiftungen, die Bilder- und Heiligenverehrung, das Fasten, die biblisch nicht legitimierten Sakramente und religiöse Lebensformen wie das Klosterwesen; auch sie legitimierten ihre Lehre in der Regel allein durch die Schrift; auch sie verwarfen bestimmte hierarchische Ämter. Nicht zuletzt weil sich das gemeindebildend gewordene Täufertum aus früheren Anhängern Zwinglis rekrutierte, bestanden sogar noch weitergehende Übereinstimmungen zwischen Täufern und Reformierten: In der Ablehnung der Vorstellung einer leiblichen Gegenwart Christi in den Elementen des Abendmahls, in der Absage an die Beichte und in der Verwerfung der Bilder, bei der Akzentuierung der Kirchenzucht und den Strategien ihrer Durchsetzung hatten sowohl Täufer als auch Reformierte den Anspruch, konsequenter biblisch zu sein als die ihres Erachtens teilweise im Katholizismus steckengebliebenen Lutheraner.

Unbehagen gegenüber Obrigkeiten

Der Widerspruch der Täufer gegen die evangelischen Großkirchen, der sich von ihren frühesten Anfängen bis hin zu den Baptisten fortsetzte, betraf vor allem deren enge Verbindung zum Staat. Die Zürcher Gruppe um Grebel und Manz sah in Zwinglis enger Kooperation mit dem Rat der Stadt die Ursache für «faule Kompromisse», die dazu führten, dass Reformforderungen wie die Abschaffung der Messe oder der Bilder nicht umgehend und mit jener Konsequenz durchgesetzt würden, die das biblische Gebot erfordere. Auch für die Anfänge des Täufertums im Einflussbereich der Wittenberger Reformation bildete das Verhältnis zu den weltlichen Obrigkeiten die Schlüsselfrage. Dass gerade die Großen und Mächtigen, die die aufständischen Bauern in die Knie gezwungen hatten, den Modus und die Gestalt einer der Schrift gemäßen Kirche bestimmen sollten, leuchtete denen nicht ein, die eine Gemeinde aus wahren Christen bilden wollten, sich deshalb von den Lauen und Halbherzigen abgrenzten und den Taufritus zeitweilig als maßgebliches Distinktionsritual nutzten.

Das Unbehagen gegenüber einem staatsförmigen, in das bestehende Herrschaftswesen integrierten evangelischen Kirchenwesen, das dem Zugriff der Mächtigen und «großen Hansen» ungeahnte Möglichkeiten eröffnete, richtete sich umgehend auch gegen diejenigen, die es konzipierten und theologisch verantworteten: die Reformatoren. Indem man Jesu Rede von den «Schriftgelehrten» auf sie anwandte, errichtete man unverrückbare Ekelschranken. Die Kritik an den «verkehrten Gelehrten», die ihre Schriftauslegungskompetenz missbrauchten, war keine bloße Perpetuierung eines spätmittelalterlichen Antiklerikalismus. Sie wurzelte in einem gemeinsamen Aufbruch, den die Täufer durch die Reformatoren verraten sahen. Sie waren die Ersten, die ihnen vorwarfen, halbherzig und inkonsequent zu sein. Insofern sind sie die Erfinder des Prinzips einer *ecclesia semper reformanda*, der sich permanent erneuernden Kirche. Die Erwachsenen- oder Bekenntnistaufe war ihr Symbol gegen die Ambivalenzen und Inkonsequenzen der magistralen Reformation. Die Dramatik dieses Zerwürfnisses bestand darin, dass die Täufer attackierten, was den Erfolg der Reformation ausgemacht hatte: die Gestaltung der Kirchenreform in der Verantwortung der weltlichen Obrigkeiten.

Die Täufer schlossen ein Arrangement mit jeder Art von «widergöttlichem» Regime aus. So lag es nahe, dass sie seitens der politischen Obrigkeiten und der diesen verbundenen Theologen zunächst und vor allem als politische Aufrührer angesehen wurden. Außer der Separation, die die Verweigerung des Waffendienstes und des Eides einschloss, blieb den Täufern zunächst die Option der revolutionären Errichtung einer heiligen Ordnung, wie sie etwa von Hut, Bader, Römer, Hoffman oder den Münsteraner Melchioriten und den Batenburgern ersonnen bzw. realisiert worden war. Dort, wo die Täufer ihre religiösen und sozialen Vorstellungen leben konnten – zunächst vor allem in religionspluralen Ländern wie Mähren, später in den Niederlanden, einzelnen Territorien im Reich oder in Nordamerika –, ergaben sich vielfältige Interaktionen mit der jeweiligen Umwelt. Nach und nach partizipierten die Täufer auch am gesellschaftlichen Miteinander – die Baptisten in den USA gestalteten sogar proaktiv das demokratische Gemeinwesen mit. Mit Martin Luther King führte ein Baptistenprediger die US-amerikanische Bürgerrechtsbewegung an.

Wandel und Dynamik

In der Geschichte des protestantischen Christentums stellt sich das Täufertum als ein außergewöhnlich dynamisches, wandlungsfähiges Phänomen dar, als eine Art religionskulturelles Laboratorium für alternative Praktiken und Lebensformen. Auch wenn die überkommene großkirchliche Praxis der Säuglingstaufe weithin abgelehnt wurde, changierten die rituellen Alternativen zwischen der Entscheidungstaufe Religionsmündiger, der Aussetzung einer äußerlichen Taufe für eine bestimmte Zeit (Taufmoratorium), der nikodemitischen Anpassung an die Taufpraxis der Staatskirchen oder der nachträglichen Anerkennung einer im Säuglingsalter vollzogenen Taufe beim späteren Eintritt in eine täuferische Gemeinde ohne neuerliche Taufe.

Ähnlich wandlungsfähig bzw. plural stellte sich das Täufertum hinsichtlich überkommener sozialer Ordnungen wie der Ehe dar: Neben der traditionellen Fortführung der Ehe etwa bei den Schweizer Brüdern standen ihre spiritualistische Transformation im Zeichen der Apokalypse bei den Uttenreuther Träumern, die polygamen Ehen der Münsteraner und der Batenburger, ihre institutionelle Einbindung in ein streng reguliertes Gemeinschaftsleben bei den Hutterern und den Amischen oder ihre libertinistische Relativierung bei Ludwig Hätzer oder David Joris. Auch in Bezug auf den Umgang mit Privateigentum weist das Täufertum eine erhebliche Bandbreite auf. Da, wo es zu gemeinschaftlichen Siedlungen kam – insbesondere bei den Hutterern und den Amischen –, erwiesen sich Formen von Gütergemeinschaft längerfristig als opportun und stabil. In allen Varianten des Täufertums bedeutete Privatbesitz aber wohl die selbstverständliche soziale Verpflichtung gegenüber notleidenden Brüdern, Schwestern und sonstigen Hilfsbedürftigen. Im Verhältnis zu ihrer Größe sind die karitativen Aufwendungen täuferischer Gemeinden in der Regel überproportional hoch.

Auch hinsichtlich der Organisationsgestalt der Gemeinde bzw. Kirche ist das Spektrum breit. Es reicht von engen, quasifamiliären, patriarchalischen Formen weithin unabhängiger und autonomer Einzelgemeinden über in großräumigen Netzwerken verbundene, durch Wanderprediger zusammengehaltene Verbünde wie bei Marpeck oder den Mennoniten bis hin zu einer ausgebauten hierarchischen Struktur mit Bischofsamt bei den Hutterern. Der nordamerikanische Baptismus, der sich seinerseits zu einer Großkirche entwickelt, vereinigt kongregationalistische, gemeindebündische und zentralistische Organisationsprinzipien und stellt so im Vergleich zum älteren Täufertum ein Novum dar. Auch wenn viele täuferische Gruppierungen eine Beauftragung zum Predigtdienst durch die Gemeinde und insofern ein «Amt» sowie einen Übertragungsritus («Ordination») kannten – durch das Allgemeine Priestertum der Gläubigen blieb es immer in die Gemeinschaft eingebunden und durch diese begrenzt. Die durch akademische Bildung oder die sakramentale Priesterweihe begründete Distanz der evangelischen bzw. katholischen Geistlichen gab es hier nicht. In Bezug auf die intellektuellen und wissenschaftlichen Standards, die täuferische Gemeinden heute von ihren Pastorinnen und Pastoren erwarten, ist – zumal in Deutschland und Mitteleuropa – unverkennbar, dass neben der Ausbildung in eigenen Hochschulen auch der Besuch staatlicher theologischer Fakultäten akzeptiert oder gar erwartet wird. Gerade hierin unterscheiden sich die meisten täuferischen Gemeinden heute von evangelikalen und pfingstlerischen Freikirchen.

Freiwilligkeit und Toleranz

Neben einzelnen Spiritualisten wie Sebastian Franck oder Gruppierungen wie den Schwenckfeldern waren die Täufer die nachdrücklichsten Vertreter einer allgemeinen Religionsfreiheit. Die prekären Existenzbedingungen, die sie in weiten Teilen der Alten Welt vorfanden, motivierten viele von ihnen, in der Neuen Welt ihr Glück zu suchen. Einige von ihnen setzten hier ihre zurückgezogene, separierte Lebensweise fort und konservierten einen entsprechenden Lebensstil. Andere sahen in der entstehenden demokratischen Gesellschaft Nordamerikas Chancen der Partizipation und des Aufbaus eines «staatsfreien» Religionssystems, wie sie die auf monoreligiöse Gemeinwesen festgelegte ständische Welt Alteuropas nicht bot.

Das Prinzip der Freiwilligkeit war und ist für die Zugehörigkeit zu einer täuferischen Gemeinde entscheidend, denn der finale Beitritt zu ihr erfolgt durch einen bewussten Entscheidungsakt mit oder ohne Bekenntnistaufe. Dieses Element der aktiven Teilhabe ist mit neuzeitlicher Individualitätskultur ungleich leichter zu vereinbaren als die Begründung der Zugehörigkeit zur Kirche durch die Säuglingstaufe, die einem staatlichen Gebot oder der Tradition folgt. Die Zunahme an Taufen in entscheidungsfähigem Alter, die auch die Großkirchen seit geraumer Zeit erleben, spricht für sich.

Die durch Freiwilligkeit begründete Mitgliedschaft scheint

verbindlichere Formen der Zusammengehörigkeit zu begründen. Bezeichnenderweise zeigen sich die täuferischen Gemeinschaften – wie andere minoritäre religiöse Gruppierungen auch – insbesondere in Europa hinsichtlich ihres Mitgliederbestandes konstanter als die Großkirchen. Im Vergleich zu statistischen Angaben aus dem zweiten und sechsten Jahrzehnt des 20. Jahrhunderts hat sich etwa die Gesamtzahl der Mennoniten unterschiedlichster Verbände heute (derzeit weltweit 1,3 Millionen; ca. 62 000 in Europa, 40 000 in Deutschland) deutlich weniger nach unten verändert als der Mitgliederbestand in den Landes- und ehemaligen Staatskirchen. Dasselbe gilt cum grano salis für die Amischen (300 000 im Jahr 2015 in 500 Siedlungen in den USA und im kanadischen Ontario) und die Hutterer (465 Gemeinden mit zwischen 60 und 150 Mitgliedern), deren Lebensstil zwar durch zivilisatorische Herausforderungen (Telekommunikation, Automobilität, Internet etc.) bedroht, deren Anhängerschaft in statistischer Hinsicht dennoch stabil ist.

Angesichts des gegenwärtigen religionskulturellen Umbruchs, in dem sich die Bindungskraft der Großkirchen und die Plausibilität ihrer traditionellen Rekrutierungs- und Mitgliedschaftsformen (Säuglingstaufe und Konfirmation als Begründung einer lebenslangen Mitgliedschaft einschließlich Kirchensteuerzahlung der Erwerbstätigen via Finanzamt) aufzulösen scheinen, könnte dem Täufertum und seiner Geschichte eine orientierende Bedeutung für den Protestantismus insgesamt zukommen. Die Täufer stehen für eine «staatsfreie» und «machtlose» religiöse Authentizität. Gegen zum Teil massive Widerstände haben sie überlebt und aus ihrer minoritären Position heraus Vorstellungen von Toleranz und freier Religionsausübung entwickelt und propagiert, die für die westliche Zivilisation als Ganze maßgeblich geworden sind. Die Täufer haben durch ihre eigene Praxis deutlich gemacht und Obrigkeiten und Gesellschaften davon überzeugt, dass ein religionsplurales Gemeinwesen existenzfähig ist.

Autonomie ohne faule Kompromisse

In allen täuferischen Formationen kommt der Einzelgemeinde vor Ort eine herausragende Bedeutung zu. Dies kann mit Erfahrungen von Bedrückung und Enge verbunden sein, aber auch Verbindlichkeiten und Lebenshilfen bieten, die in einer zusehends individualisierten und anonymisierten Gesellschaft Begegnungen ermöglichen und Menschen beheimaten können. Das kongregationalistische Gemeindemodell der Täufer schuf einen Erprobungsraum der Partizipation der qua Allgemeinem Priestertum der Gläubigen Gleichberechtigten und leistete damit einen essentiellen Beitrag zur Demokratisierung insbesondere der nordamerikanischen Gesellschaft.

Wohl nicht zuletzt aufgrund der einschneidenden Episode der Münsteraner Täuferherrschaft in den Jahren 1534/35 und seiner Distanz gegenüber jeder Hypostasierung des Staates hat sich das Täufertum in seiner weiteren Geschichte gegenüber den politischen Ideologien der Neuzeit – insbesondere Nationalismus, Rassismus und Militarismus – als weitgehend resistent erwiesen. Durch ihre transnationalen Bezüge kam den Täufern – neben den Quäkern – eine wichtige Rolle beim Aufbau einer internationalen Friedensarbeit auch im Rahmen der Ökumene zu.

Auch die Täufer – wie jede andere menschliche Gemeinschaft – waren und sind nicht vor Veralltäglichung und Sklerotisierung gefeit, doch repräsentiert ihre Geschichte eine Vielfalt immer neuer Aufbrüche. Insofern haben sie die apostolische Ermahnung, dass die Christen hier keine bleibende Stadt haben (Hebr 13,14), treuer bewahrt als viele andere Konfessionen und Denominationen. In ihrem Ringen darum, die Gestalt der Urgemeinde wiederherzustellen und sich auch gegen prägende Traditionen konsequent und ausschließlich an der Bibel zu orientieren, sind die Täufer in der Regel kompromissloser und radikaler verfahren als die protestantischen Großkirchen. Denn denen lag immer auch daran, möglichst viele Menschen «mitzunehmen» und in Übereinstimmung mit den jeweiligen politischen Herrschaftsträgern zu agieren. Selbstverständlich konnte der religiöse Avantgardismus der Täufer auch mit einem Überlegenheitsbewusstsein gegenüber den «lauen» Mehrheitskirchenchristen verbunden sein. Die große Bedeutung, die die Kirchenzucht in der täuferischen Tradition hatte, war allerdings auch ein wirksames Mittel gegen jede Art von Hochmut.

Das Täufertum war gegenüber Tendenzen der Hierarchisierung und Klerikalisierung weitestgehend immun. Im großkirchlichen Protestantismus besteht dagegen angesichts der von Säkularisierung und religiöser Gleichgültigkeit bedrohten Gegenwartskultur eine der Versuchungen darin, dadurch «sichtbarer» und vermeintlich auch «attraktiver» zu werden, dass er sich in Stil, Gebärden und Attitüden an hohe Repräsentanten der römischen Papstkirche anpasst. Hier kann der Blick auf die bescheidenen, bar jeden klerikalen Prunks auftretenden Brüder und Schwestern aus dem Täufertum helfen, Irrwege zu vermeiden und Wesentliches von Unwesentlichem zu unterscheiden.

Innerhalb der Geschichte des Protestantismus, der gegenüber dem römischen Katholizismus historisch maßgeblichen alternativen Lehr- und Lebensgestalt des lateineuropäischen Christentums, stellt das Täufertum eine eigenwillige und exzentrische Spielart dar. Aufgrund mannigfacher historischer Erfahrungen und der ihm eigenen internen Pluralität besitzt es das Potenzial, heute als Korrektiv auch gegenüber dem großkirchlichen Protestantismus zu fungieren. An der Geschichte des Täufertums wird nämlich deutlich, dass das kirchliche Amt in einer begeisterten Gemeinde sein Maß und seine Grenze finden kann, dass skeptische Zurückhaltung bei dem Versuch, sich auf die jeweilige zeitgenössische Kultur einzulassen, der eigenen Überzeugungskraft dient und dass christliche Normen auch dann, wenn sie nicht jedermanns Zustimmung finden, Lebenskräfte zu entfalten imstande sind. Vom Täufertum können die Großkirchen heute, nach dem Ende der konstantinischen Symbiose von Thron und Altar, lernen, wie man als Minderheit authentisch überlebt und der Welt gegenüber Zeugnis ablegt von dem in Christus begegnenden Zuspruch Gottes, der zugleich ein unveräußerlicher Anspruch ist.

Verbreitung der Täuferbewegung in Mitteleuropa bis 1550
KGR. DÄNEMARK
Ostsee
Nordsee
KGR. ENGLAND
KGR. POLEN
KGR. BÖHMEN
KGR. UNGARN
KGR. FRANKREICH
LAND DER EIDGENOSSEN
Königsberg
Danzig
Rostock
Greifswald
Lübeck
Wismar
Hamburg
Emden
Leeuwarden
Groningen
Bremen
Elbe
Oder
Weichsel
Alkmaar
Haarlem
Amsterdam
Den Haag
Utrecht
Rotterdam
Leiden
Münster
Rhein
Berlin
Frankfurt
Warschau
Braunschweig
Magdeburg
Goslar
Wittenberg
Gent
Antwerpen
Brüssel
Düsseldorf
Köln
Göttingen
Frankenhausen
Leipzig
Mühlhausen
Eisenach
Dresden
Breslau
Lüttich
Aachen
Marburg
Zwickau
Maas
Frankfurt
Krakau
Prag
Mosel
Mainz
Trier
Würzburg
Bamberg
Luxemburg
Worms
Olmütz
Heidelberg
Nürnberg
Paris
Marne
Verdun
Metz
Speyer
Brünn
Austerlitz
Heilbronn
Landau
Zweibrücken
Toul
Stuttgart
Regensburg
Donau
Nikolsburg
Straßburg
Passau
Seine
Tübingen
Ulm
Augsburg
Schlettstadt
Rhein
Linz
Wien
Preßburg
Loire
Memmingen
Mülhausen
Waldshut
Kempten
Salzburg
Basel
Bodensee
St. Gallen
Zürich
Innsbruck
Donau
Bern
Chur
Graz
Plattensee
Genfer See
Brixen
Klagenfurt
Drau
Genf
0
100
200 km
Gebiete mit Täufergemeinden
Hohe Dichte an Täufergemeinden
Grenze des Heiligen Römischen Reiches

Quellen und Literatur

Bibliographien und Hilfsmittel

Hillerbrand, Hans Joachim, Bibliographie des Täufertums, 1520–1630, Gütersloh 1962.
–, Anabaptist Bibliography, 1520–1630, St. Louis, MO 1991 (Neubearbeitung).
Friedman, Robert, Die Schriften der hutterischen Täufergemeinschaften. Gesamtkatalog ihrer Manuskripthandbücher, ihrer Schreiber und ihrer Literatur, 1529–1667, unter Mitarbeit von Adolf Mais, Wien 1965.
Mennonitisches Lexikon, 4 Bde., Frankfurt u. a. 1913–1967; Bd. V: Personen, hg. von Hans-Jürgen Goertz (digital).
Seebaß, Gottfried (Hg.), Katalog der hutterischen Handschriften und der Drucke aus hutterischem Besitz in Europa, 2 Teilbde., bearb. von Matthias H. Rauert und Martin Rothkegel, Gütersloh 2011.
Rothkegel, Martin (Hg.), Bibliotheca dissidentium, Bd. XXVII–XXX, Baden-Baden, Bouxwiller 2012–2016.
Springer, N. O./Klassen, A. J. (Bearb.), Mennonite Bibliography, 1631–1961, Scottdale, Kitchener, Ont. 1977.
VD 16: Bayerische Staatsbibliothek München/Herzog August Bibliothek Wolfenbüttel (Hg.), Verzeichnis der im deutschen Sprachbereich erschienenen Drucke des 16. Jahrhunderts, Bd. 1–25, Stuttgart 1983–2000 (http: www.vd16.de).
Neuerscheinungen zur Geschichte des Täufertums werden regelmäßig verzeichnet und besprochen in: Archiv für Reformationsgeschichte, Literaturbericht; Mennonitische Geschichtsblätter und Mennonite Quarterly Review.

Quellen

Baring, Georg/Fellmann, Walter (Hg.), Hans Denck, Schriften, 3 Tle., Gütersloh 1955–1960.
Beck, Josef (Hg.), Die Geschichts-Bücher der Wiedertäufer in Österreich-Ungarn v. 1526–1787, Wien 1883.
Bossert, Gustav (Hg.), Quellen zur Geschichte der Wiedertäufer, Bd. I: Herzogtum Württemberg, Leipzig 1930.
Bullinger, Heinrich, Der Widertöufferen ursprung/ fürgang/ Secten/ wäsen/ fürnemme und gemeine jrer leer Artickel ..., Zürich, Christoph Froschauer 1561; Neudruck Leipzig 1975.

Cornelius, C. A. (Hg.), Berichte der Augenzeugen über das Münsterische Wiedertäuferreich, Münster 1853, Neudruck 1965.

Cramer, S. (Hg.), Nederlandsche Anabaptistica, 's-Gravenhagen 1909.

Dankbaar, W. F. (Hg.), Documenta Anabaptistica Neerlandica III, Leiden 1981.

Dülmen, Richard van (Hg.), Das Täuferreich zu Münster 1534–1535. Berichte und Dokumente, München 1974.

Egli, Emil (Hg.), Actensammlung zur Geschichte der Zürcher Reformation in den Jahren 1519–1533, Zürich 1879, Nachdruck Aalen 1973.

Fast, Heinold (Hg.), Der linke Flügel der Reformation. Glaubenszeugnisse der Täufer, Spiritualisten, Schwärmer und Antitrinitarier, Bremen 1962.

– (Hg.), Quellen zur Geschichte der Täufer in der Schweiz, Bd. 2: Ostschweiz, Zürich 1973.

– /Seebaß, Gottfried (Hg.), Briefe und Schriften oberdeutscher Täufer 1527–1555. Das ‹Kunstbuch› des Jörg Probst Rotenfelder gen. Maler (Burgerbibliothek Bern, Cod. 464), bearb. von Heinold Fast und Martin Rothkegel, Gütersloh 2007.

Franck, Sebastian, Chronica, Ulm 1536, Neudruck Darmstadt 1969.

Franz, Günther (Hg.), Urkundliche Quellen zur hessischen Reformationsgeschichte, Bd. IV: Wiedertäuferakten 1527–1626, Marburg 1951.

Friedmann, Robert (Hg.), Glaubenszeugnisse oberdeutscher Taufgesinnter II, Gütersloh 1967.

Gregory, Brad S. (Hg.), The Forgotten Writings of Mennonite Martyrs, Leiden, Boston 2002.

Herrison, Hendrik Jansz (Hg.), Opera omnia Theologica of alle der Godtgeleerde Wercken van Menno Simons, Amsterdam 1681; Neudruck mit Einleitung von S. L. Verheus und T. Alberda-van der Zijpp, Amsterdam 1989.

Kaufmann, Thomas (Hg.), Kritische Gesamtausgabe der Schriften und Briefe Andreas Bodensteins von Karlstadt, Bd. Iff, Gütersloh 2017ff.

Klassen, W. (Hg.), The Writings of Pilgram Marpeck, Scottdale 1978.

Krebs, Manfred (Hg.), Quellen zur Geschichte der Täufer, Bd. IV: Baden und Pfalz, Gütersloh 1951.

– /Rott, Hans Georg (Hg.), Quellen zur Geschichte der Täufer, Bd. VII: Elsaß, 1. Teil: Stadt Straßburg 1522–1532, Gütersloh 1959.

– /– (Hg.), Quellen zur Geschichte der Täufer, Bd. VIII: Elsaß, 2. Teil: Stadt Straßburg 1533–1535, Gütersloh 1960.

Laube, Adolf/Seiffert, Hans Werner (Hg.), Flugschriften der Bauernkriegszeit, Berlin [2]1978.

– (Hg.), Flugschriften der frühen Reformationsbewegung, 2 Bde., Berlin 1983.

– (Hg.), Flugschriften vom Bauernkrieg zum Täuferreich, 2 Bde., Berlin 1992.

Leu, Urs B./Scheidegger, Christian (Hg.), Das Schleitheimer Bekenntnis 1527. Einleitung, Faksimile, Übersetzung und Kommentar, Zug 2004.

Mecenseffy, Grete (Hg.), Quellen zur Geschichte der Täufer, Österreich, 1.–3. Teil, Gütersloh 1964, 1972, 1983.

Meihuizen, H. W. (Hg.), Menno Simons, Dat Fundaament des Christelycken Leers, Den Haag 1967.

Mellink, Albert F. (Hg.), Documenta Anabaptistica Neerlandica I: Friesland en Groningen, 1530–1550, Leiden 1975.

– (Hg.), Documenta Anabaptistica Neerlandica II: Amsterdam 1536–1578, Leiden 1980.

Müller, Lydia (Hg.), Glaubenszeugnisse oberdeutscher Taufgesinnter I, Leipzig 1938.

Muralt, Leonhard von/Schmid, Walter (Hg.), Quellen zur Geschichte der Täufer in der Schweiz, Bd. 1: Zürich, Zürich 1952; Neudruck 1974.

Pilgram Marbecks Vermahnung. Ein wiedergefundenes Buch, in: Gedenkschrift zum 400jährigen Jubiläum der Mennoniten oder Taufgesinnten, 1525–1925, Ludwigshafen 1925, S. 178–282.

Rothkegel, Martin (Hg.), Hauprecht Zapf, Johannes der Evangelist über alle Kapitel erklärt. Ein täuferischer Bibelkommentar von 1597, MacGregor 2017.

Rott, Hans Georg/Lienhard, Marc (Hg.), Quellen zur Geschichte der Täufer, Bd. XV/XVI: Elsaß, 3./4. Teil: Stadt Straßburg 1536–1542. 1543–1552, Gütersloh 1986/1988.

Schornbaum, Karl (Hg.), Quellen zur Geschichte der Wiedertäufer, Bd. II: Markgraftum Brandenburg (Bayern I), Leipzig 1934.

– (Hg.), Quellen zur Geschichte der Täufer, Bd. V: Bayern II, Gütersloh 1951.

Snyder, Arnold C. (Hg.), Later Writings of the Swiss Anabaptists, 1529–1592, Kitchener, Ont. 2017.

Stupperich, Robert (Hg.), Die Schriften der Münsterischen Täufer und ihrer Gegner, 1. Teil: Die Schriften Bernhard Rothmanns, Münster 1970.

Thomas-Müntzer-Ausgabe. Kritische Gesamtausgabe, hg. im Auftrag der Sächsischen Akademie der Wissenschaften, Bd. 2, Leipzig 2010; Bd. 3, Leipzig 2004; Bd. 1, Leipzig 2017.

Wappler, Paul (Hg.), Die Wiedertäuferbewegung in Thüringen von 1526–1584, Jena 1913.

Westin, Gunnar/Bergsten, Torsten (Hg.), Balthasar Hubmaier, Schriften, Gütersloh 1962.

Wolkan, R. (Hg.), Geschicht-Buch der Hutterischen Brüder, Wien 1923.

Yoder, John H. (Hg.), The Legacy of Michael Sattler, Scottdsale 1973.

Zieglschmid, A. J. F. (Hg.), Die älteste Chronik der Hutterischen Brüder, Ithaca, N. Y. 1943.

Literatur

Arslanov, Vasily, «Seliger Unfried». Modalitäten und Strategien der Popularisierung historischen Wissens bei Sebastian Franck (1499–1542), Leipzig 2017.
Bainton, Roland H., Michael Servet 1511–1553, Gütersloh 1960.
Bakker, Willem de/Driedger, Michael/Stayer, James, Bernhard Rothmann and the Reformation in Münster 1530–35, Kitchener, Ont. 2009.
Barge, Hermann, Andreas Bodenstein von Karlstadt, 2 Bde., Nieuwkoop [2]1968.
Bauer, Günther, Anfänge täuferischer Gemeindebildungen in Franken, Nürnberg 1966.
Bauman, Clarence, Gewaltlosigkeit im Täufertum, Leiden 1968.
Bender, Harold S., Conrad Grebel, c. 1498–1526. The Founder of the Swiss Brethren, Goshen 1950.
–, The Anabaptist Vision, in: Church History 13, 1944, S. 3–24.
Bergsten, Torsten, Balthasar Hubmaier. Seine Stellung zu Reformation und Täufertum 1521–1528, Kassel 1961.
Blanke, Fritz, Brüder in Christo. Die Geschichte der ältesten Täufergemeinde (Zollikon 1525), Zürich 1955, Neudruck 2003.
Bornhäuser, Christoph, Leben und Lehre Menno Simons', Neukirchen-Vluyn 1973.
Brandsma, Jan Auke, Menno Simons von Witmarsum, Maxdorf [2]1983.
Bräuer, Siegfried, «Sind beyde diese Briefe an Münzer abgeschickt worden?» Zur Überlieferung der Briefe des Grebelkreises an Thomas Müntzer vom 5. September 1524, in: Mennonitische Geschichtsblätter 55, 1998, S. 7–24.
– /Vogler, Günter, Thomas Müntzer. Neu Ordnung machen in der Welt. Eine Biographie, Gütersloh 2016.
Brecht, Martin/Deppermann, Klaus (Hg.), Der Pietismus im achtzehnten Jahrhundert [Geschichte des Pietismus Bd. 2], Göttingen 1995.
Bubenheimer, Ulrich, Consonantia Theologiae et Iurisprudentiae. Andreas Bodenstein von Karlstadt als Theologe und Jurist zwischen Scholastik und Reformation, Tübingen 1977.
–, Thomas Müntzer. Herkunft und Bildung, Leiden u.a. 1989.
–, Thomas Müntzer und Wittenberg, Mühlhausen 2014.
– /Oehmig, Stefan (Hg.), Querdenker der Reformation. Andreas Bodenstein von Karlstadt und seine frühe Wirkung, Würzburg 2001.
Campi, Emidio/Nelson Burnett, Amy (Hg.), Die schweizerische Reformation. Ein Handbuch, Zürich 2017.
Chudaska, Andrea, Peter Riedemann. Konfessionsbildendes Täufertum im 16. Jahrhundert, Gütersloh 2003.
Clasen, Claus-Peter, Anabaptism. A Social History, 1525–1618. Switzer-

land, Austria, Moravia, South and Central Germany, Ithaca, London 1972.
Deppermann, Klaus, Melchior Hoffman. Soziale Unruhen und apokalyptische Visionen im Zeitalter der Reformation, Göttingen 1979.
– /Packull, Werner O./Stayer, James M., From Monogenesis to Polygenesis. The Hist. Discussion of Anabaptist Origins, in: Mennonite Quarterly Review 49, 1975, S. 83–122.
Driedger, Michael, Obedient Heretics: Mennonite Identities in Lutheran Hamburg and Altona during the Confessional Age, Aldershot 2002.
Eggenberger, Oswald, Die Kirchen, Sondergruppen und religiösen Vereinigungen, 5. überarb. Aufl., Zürich 1990.
Fahlbusch, Erwin, Kirchenkunde der Gegenwart, Stuttgart u. a. 1979.
Fast, Heinold, Heinrich Bullinger und die Täufer. Ein Beitrag zur Historiographie und Theologie des 16. Jahrhunderts, Weierhof 1959.
Friedmann, Robert, Hutterite Studies, Goshen 1961.
Gäbler, Ulrich (Hg.), Der Pietismus im neunzehnten und zwanzigsten Jahrhundert [Geschichte des Pietismus Bd. 4], Göttingen 2000.
Goertz, Hans-Jürgen, Die Täufer. Geschichte und Deutung, München [2]1988.
–, Religiöse Bewegungen in der Frühen Neuzeit, München 1993.
–, Das schwierige Erbe der Mennoniten, Leipzig 2002.
–, Radikalität der Reformation, Göttingen 2007.
– (Hg.), Umstrittenes Täufertum 1525–1975. Neue Forschungen, Göttingen [2]1977.
– (Hg.), Radikale Reformatoren. 21 biographische Skizzen von Thomas Müntzer bis Paracelsus, München 1978.
– (Hg.), Alles gehört allen. Das Experiment Gütergemeinschaft vom 16. Jahrhundert bis heute, München 1984.
Goeters, J. F. Gerhard, Ludwig Hätzer (ca. 1500–1529). Spiritualist und Antitrinitarier. Eine Randfigur der frühen Täuferbewegung, Gütersloh 1957.
–, Die Vorgeschichte des Täufertums in Zürich, in: Studien zur Geschichte und Theologie der Reformation. FS Ernst Bizer, Neukirchen 1969, S. 239–281.
Guderian, Hans, Die Täufer in Augsburg. Ihre Geschichte und ihr Erbe, Pfaffenhofen 1984.
Güss, Ernst Friedrich Peter, Die kurpfälzische Regierung und das Täufertum bis zum Dreißigjährigen Krieg, Stuttgart 1966.
Haude, Sigrun, In the Shadow of «Savage Wolves»: Anabaptist Münster and the German Reformation during the 1530s, Boston 2000.
Heyer, Friedrich (Hg.), Konfessionskunde, Berlin, New York 1977.
Hillerbrand, Hans Joachim, Die politische Ethik des oberdeutschen Täufertums, Leiden, Köln 1962.
Kaufmann, Thomas, Der Anfang der Reformation, Tübingen [2]2018.
–, Thomas Müntzer, «Zwickauer Propheten» und sächsische Radikale, Mühlhausen 2010.

Kirchhoff, Karl-Heinz, Die Täufer in Münster 1534/5. Untersuchungen zum Umfang und zur Sozialstruktur der Bewegung, Münster 1973.

Klassen, William, Convenant and Community. The Life, Writings and Hermeneutics of Pilgram Marpeck, Grand Rapids 1968.

Klötzer, Ralf, Die Täuferherrschaft von Münster. Stadtherrschaft und Welterneuerung, Münster 1992.

Kobe, Rainer, Täuferische Konfessionskultur in der Frühen Neuzeit. Mennoniten am Niederrhein (Krefeld) und Hutterische Brüder in Mähren und Ungarn 1550–1750, Bonn 2014.

–, «... wie Wasser durch ein Rohr»: Wie kam Melchior Hoffman zu seiner Inkarnationslehre? In: Mennonitische Geschichtsblätter 75, 2018, S. 9–28.

Kobelt-Groch, Marion, Aufsässige Töchter Gottes. Frauen im Bauernkrieg und in den Täuferbewegungen, Frankfurt/M. 1993.

Krahn, Cornelis, Dutch Anabaptism. Origin, Spread, Life and Thought, 1450–1600, Den Haag 1968.

Krajewski, Ekkehard, Leben und Sterben des Zürcher Täuferführers Felix Manz, Kassel [3]1962.

Lehmann, Hartmut (Hg.), Glaubenswelt und Lebenswelten [Geschichte des Pietismus Bd. 4], Göttingen 2004.

Leu, Urs B./Scheidegger, Christian (Hg.), Die Zürcher Täufer 1525–1700, Zürich 2007.

Lichdi, Diether Götz, Über Zürich und Witmarsum nach Addis Abeba. Die Mennoniten in Geschichte und Gegenwart, Maxdorf 1983.

Lienhard, Marc (Hg.), The Origins and Characteristics of Anabaptism/Les débuts et les caractéristiques de l'Anabaptisme, Den Haag 1977.

Lutterbach, Hubertus: Der Weg in das Täuferreich von Münster. Ein Ringen um die heilige Stadt, Münster 2006.

Monge, Mathilde, Des communautés mouvantes. Les «sociétés des frères chrétiens» en Rhénanie du Nord, Juliers, Berg, Cologne vers 1530–1694, Genf 2015.

Mulert, Hermann, Konfessionskunde, 3., neubearb. Auflage, hg. von Erdmann Schott, Berlin/W. 1956.

Noll, Mark A., Das Christentum in Nordamerika, Leipzig 2000.

Oeldemann, Johannes (Hg.), Konfessionskunde, Paderborn, Leipzig 2015.

Oyer, John S., Lutheran Reformers against Anabaptists: Luther, Melanchthon and Menius and the Anabaptists of Central Germany, 's-Gravenhage 1964.

Packull, Werner O., Mysticism and the Early South German-Austrian Anabaptist Movement, 1525–1531, Scottdale 1977.

–, «They Hurry the Good People Out of the Land.» Essays on the Persecution, Survival and Flourishing of Anabaptists and Mennonites, Goshen 2000.

–, Hutterite Beginnings. Communitarian Experiments during the Reformation, Baltimore, Md. 1995.

Pater, Calvin Augustine, Karlstadt as the Father of the Baptist Movements. The Emergence of Lay Protestantism, Toronto 1984.

Roth, John D./Stayer, James M. (Hg.), A Companion to Anabaptism and Spiritualism, 1521–1700, Leiden 2007.

Rothkegel, Martin, «Den Brüdern um zwei Pfennig leichter dann den Auswendigen». Distributionsbedingungen radikalreformatorischer Milieuliteratur, in: Thomas Kaufmann/Elmar Mittler (Hg.), Reformation und Buch [Bibliothek und Wissenschaft 49], Wiesbaden 2016, S. 199–219.

Schelle-Wolff, Carola, Zwischen Erwartung und Aufruhr. Die Flugschrift «Von der newen wandlung eynes Christlichen lebens» und der Nürnberger Drucker Hans Hergot, Frankfurt/M. u. a. 1996.

Schlachta, Astrid von, Gefahr oder Segen? Die Täufer in der politischen Kommunikation, Göttingen 2009.

–, Die Täufer in Thüringen. Von wehrhaften Anfängen zur wehrlosen Gelassenheit, Jena 2017.

Schubert, Anselm, Täufertum und Kabbalah. Augustin Bader und die Grenzen der Radikalen Reformation, Gütersloh 2008.

–, Der Traum vom Tag des Herrn. Die «Träumer von Uttenreuth» und das apokalyptische Täufertum, in: Archiv für Reformationsgeschichte 97, 2006, S. 106–136.

– (Hg.), Sabbat und Sabbatobservanz in der Frühen Neuzeit, Gütersloh 2016.

– /Schlachta, Astrid von / Driedger, Michael (Hg.), Grenzen des Täufertums/ Boundaries of Anabaptism. Neue Forschungen, Gütersloh 2009.

Seebaß, Gottfried, Die Reformation und ihre Außenseiter. Gesammelte Aufsätze und Vorträge, hg. von Irene Dingel, Göttingen 1997.

–, Müntzers Erbe. Werk, Leben und Theologie des Hans Hut, Gütersloh 2002.

Schjørring, Jens Holger/Hjelm, Norman A. (Hg.), Geschichte des globalen Christentums, Teil 1: Frühe Neuzeit, Stuttgart 2017; Teil 2: 19. Jahrhundert, Stuttgart 2017.

Snyder, Arnold C., The Life and Thought of Michael Sattler, Scottdale, PA 1984.

–, Anabaptist History and Theology. An Introduction, Kitchener, Ont. 1995.

– /Huebert Hecht, Linda A. (Hg.), Profiles of Anabaptist Women. Sixteenth-Century Reforming Pioneers, Waterloo 1996.

Stadtmuseum Münster (Hg.), Das Königreich der Täufer. Reformation und Herrschaft der Täufer in Münster, 2 Bde., Münster 2000.

Stayer, James M., Anabaptists and the Sword, Lawrence [2]1976.

–, The German Peasants' War and Anabaptist Community of Goods, Montreal 1991.

Strübind, Andrea, Die unfreie Freikirche. Der Bund der Baptistengemeinden im «Dritten Reich», 2., verb. Aufl. Wuppertal, Kassel, Zürich 1995.

–, Eifriger als Zwingli. Die frühe Täuferbewegung in der Schweiz, Berlin 2003.

– /Rothkegel, Martin (Hg.), Baptismus. Geschichte und Gegenwart, Göttingen 2012.

Vogler, Günter, Die Täuferherrschaft in Münster und die Reichsstände, Gütersloh 2014.

Waite, Gary, David Joris and Dutch Anabaptism, 1524–1543, Waterloo 1990.

Williams, George Huntston, The Radical Reformation, Kirksville [3]2000.

Windhorst, Christof, Täuferisches Taufverständnis. Balthasar Hubmaiers Lehre zwischen traditioneller und reformatorischer Theologie, Leiden 1976.

Yoder, John H., Täufertum und Reformation im Gespräch, Zürich 1968.

Zeman, Jarold K., The Anabaptists and the Czech Brethren in Moravia 1526–1628, ’s-Gravenhage 1969.

Zorzin, Alejandro, Karlstadt als Flugschriftenautor, Göttingen 1990.

–, Karlstadts «Dialogus vom Tauff der Kinder» in einem anonymen Wormser Druck aus dem Jahr 1527, in: Archiv für Reformationsgeschichte 79, 1988, S. 27–58.

–, Ludwig Hätzers «Kreuzgang» (1528/9): Ein Zeugnis täuferischer Bildpropaganda, in: Archiv für Reformationsgeschichte 97, 2006, S. 137–164.

–, Peter Schöffer d. J. und die Täufer, in: Ulman Weiß (Hg.), Buchwesen in Spätmittelalter und Früher Neuzeit, Festschrift für Helmut Claus zum 75. Geburtstag, Epfendorf 2008, S. 179–211.

Bildnachweis

Seite 20: Seite aus: Clemens Ziegler, Von der Nießung beid Leibs und Bluts Christi, Straßburg, Johann Schott 1524, VD 16 Z 420, D 6r
Seite 37: Kolorierte Zeichnung in einer Abschrift von Heinrich Bullingers Reformationsgeschichte
Seite 56: Titelblatt von Melchior Hoffmans Schrift Außlegung der heimlichen Offenbarung Joannis ..., Straßburg, Balthasar Beck 1530; Bayerische Staatsbibliothek München, VD 16 B 5276, A 1r
Seite 61: Titelseite der Schrift Des Münsterischen Künigreichs und Widertauffs an und abgang/Bluthandel und End, Augsburg, H. Steiner 1536, © akg-images
Seite 80: Blatt aus Jan Luykens «Schaubühne der Märtyrer», 1685
Seite 86: Ludwig Hätzer, Kreuzgang, Straßburg, Johann Prüss d. J. 1528/29
Seite 95: © Scott R. Galvin/picture alliance/AP Images

Register

Aberli, Heinrich 25
Adamiten 87
Afrika 95, 98, 103, 107
Amerika 92–96, 98, 100ff., 105, 107, 110, 112
Amische 93f., 111, 113
Ammann, Jakob 93
Amsdorf, Nikolaus von 52
Antitrinitarier 16f., 82
Appenzell 33, 39, 70f., 87
Arnold, Gottfried 12f., 89
Augsburg 42, 49
Augsburger Märtyrersynode 42
Augustinus von Hippo 8, 19f.
Auspitz 68
Austerlitz 64–67, 72
Austerlitzer Brüder 63
Auxentius von Dorostorum 7

Bader, Augustin 49f., 110
Baltimore 95
Baptisten 89, 98–110
Batenburg, Jan van 60
Batenburger 60f., 110f.
Beham, Bartel und Sebald 41
Bender, Harold S. 14f.
Blaurock, Jörg 14f., 30, 32, 63
Bolt, Eberli 34
Borrhaus-Cellarius, Martin 23
Braitmichel, Kaspar 14, 30
Brenz, Johannes 62
Brötli, Johann 28ff., 32, 63
Bucer, Martin 38, 42, 53, 55, 65, 71, 85
Bugenhagen, Johannes 50, 52
Bullinger, Heinrich 7, 11
Bünderlin, Johannes 65
Bunyan, John 100

Calvin, Johannes 108
Cape Cod 96
Capito, Wolfgang F. 66, 71
Carey, William 101
Castellio, Sebastian 84
Clasen, Claus P. 16
Connecticut 103
Cromwell, Oliver 100

David, König Israels 59
Daviditen 73
Davidjoristen 63, 72f.
Delaware 97
Denck, Hans 15, 41–44, 47, 53, 67, 70f., 83, 85
Deppermann, Klaus 15
Doopsgezinde 77
Doordrechter Bekenntnis 87
Dürer, Albrecht 41

Elia, Prophet 55
Elstal 106
Entfelder, Christian 65
Erfurt 46f.
Erweckungsbewegung 101–104
Evangelikalismus 102

Fast, Heinold 15
Ferdinand I. von Österreich, röm.-dt. Kaiser 37, 47, 68
Fox, George 97f.
Franck, Sebastian 9ff., 74, 79, 84, 112
Franz von Waldeck, Bischof von Münster 59
Friedrich I., dän. König 52
Friedrich III., Kurfürst von Sachsen 20
Froschauer, Christoph 27

Gemeinschaft von Ephata 90
General Baptists 99f.
Georgia 103
Germantown 90, 98
Glaidt, Oswald 36, 44, 66f.

Glatz, Kaspar 23
Goertz, Hans-Jürgen 16
Grebel, Konrad 14f., 23–26, 28ff., 32f., 38, 40ff., 50, 63, 109
Gröschl, Martin 37
Grüningen 35
Gustav I. Wasa, schwed. König 52

Hätzer, Ludwig 27, 30, 42f., 53, 70, 80, 82f., 85f.
Helwys, Thomas 99
Henoch, Prophet 55
Hermann von Wied, Erzbischof von Köln 76
Herrnhuter Brüdergemeine 89, 105
Hoffman, Melchior 15, 49, 51–56, 62, 72f., 78, 87, 110
Hubmaier, Balthasar 27f., 36f., 40, 44, 63f., 66, 84f.
Hugwald, Ulrich 40
Hujuff, Hans 25
Hustopeče 67
Hut, Hans 15, 41, 43–47, 49f., 62ff., 70, 72, 83, 85, 110
Hutter, Jakob 67f., 72
Hutterer 14, 63, 66f., 69f., 79, 82, 85, 89–94, 111, 113

Ickelshamer, Valentin 85
Independente 100

Jan (Beukelsz) van Leiden 55, 58, 59f.
Jellinek, Georg 13
Johann, Kurfürst von Sachsen 48
Joris, David 73–76, 83, 87, 111
Joristen 73
Jost, Lienhard und Ursula 53f.
Jud, Leo 26

Kanada 94, 113
Karl V., röm.-dt. Kaiser 47
Karlstadt (Andreas Bodenstein) 15, 17, 22–26, 40, 44, 50, 52f.
Kastelberger, Andreas 25, 30, 40
Kautz, Jakob 42f., 53, 82
King, Martin Luther 110
Knipperdolling, Bernhard 59
Knoblauch, Gretha 47
Köbner, Julius 105

Kongregationalisten 96, 102
Konstantin, röm. Kaiser 12f., 67, 115
Krechting, Bernhard 59

Lehmann, Gottfried Wilhelm 105
Leonhard von Liechtenstein 36, 64, 66
Liele, George 104
Luther, Martin 12, 14f., 17–21, 23ff., 28, 48, 50, 53, 57, 62, 84, 88, 108

Manz, Felix 14, 24f., 29–32, 35, 37f., 40, 109
Marpeck, Pilgram 64ff., 70ff., 83, 111
Maryland 95, 98
Massachusetts 97
Massachusetts Bay Colony 96
Matthijs, Jan 55, 58, 76
Maximilian I., röm.-dt. Kaiser 63
Mayflower 96
Melanchthon, Philipp 11, 18ff., 48, 83, 108
Melchioriten 49, 55, 60, 72ff., 78, 110
Meniten 75
Mennoniten 14, 63, 72f., 75, 77ff., 87, 89–93, 98f., 111, 113
Methodisten 100, 102f.
Mikulov (Nikolsburg) 36f., 44, 64, 66f.
Morus, Thomas 63
Münster 46f., 50, 55, 57–60, 68, 72f., 76, 83, 87, 110f., 114
Müntzer, Thomas 11, 15, 17f., 21–26, 40–46, 62, 72, 83
Mystik 41ff., 53, 70, 74, 82f., 89, 98

Neuengland 96f.
Neutäufer 88ff.
New Jersey 97f.
Nikolsburg (Mikulov) 36f., 44, 64, 66f.
North Carolina 103
Novatian, röm. Gegenbischof 7

Obbeniten 76
Oekolampad, Johannes 34, 40ff.
Oggenfuß, Hans 25
Oncken, Johann Gerhard 104f.

Packull, Werner O. 15
Particular Baptist 99 f.
Pastorius, Francis 98
Paulus, Apostel 12 f.
Pelagius, Mönch 7
Pencz, Georg 41
Penn, William 98
Pennsylvania 90, 94 f., 97 f.
Pfeiffer, Heinrich 11, 44
Philipps, Dirk 73
Philipps, Obbe 73, 76, 93
Pietisten 88–91, 98
Pilgrim Fathers 96
Plymouth Plantation 96
Pur, Bartlime 25
Puritaner 93, 96 f., 99–102

Quäker 88 ff., 93, 97 f., 103, 114

Reinhardt, Martin 24
Remonstranten 91, 99
Reublin, Wilhelm 28 ff., 32, 36, 63, 67
Rhegius, Urbanus 42
Rhode Island 95, 97, 101
Ries, Hans de 77
Rinck, Melchior 11, 41, 43
Römer, Hans 41, 46 f., 110
Rothmann, Bernhard 57

Sabbatarier 63, 66 f.
Sattler, Michael 38, 50, 71, 83
Schiemer, Leonhard 63, 65
Schlaffer, Hans 63
Schleitheimer Bekenntnis 15, 38 ff., 50
Schmid, Hans 50
Schöffer d. J., Peter 38, 40, 85
Schützinn, Katharina 71
Schwarzenauer Brüder 89
Schweizer Brüder 46, 62 ff., 70, 72, 92 f., 111
Schwenckfeld, Kaspar von 53, 65 f., 84, 88
Schwenckfelder 88, 91, 112
Sears, Barnas 105
Servet, Michel 12
Simons, Menno 72–75, 77, 83, 87
Simons, Pieter 76
Slavkov u Brna 64
Smith, John 99
South Carolina 97 f., 103
Southern Baptist Convention 104
Spalatin, Georg 23
Spiritualisten 12, 16 f., 43, 52 f., 65, 77, 83 f., 89, 98, 111 f.
Spitalfields 99
Spittelmaier, Johannes 36
Spurgeon, Charles Haddon 101
St. Gallen 33, 70
Stayer, James M. 15
Storch, Nikolaus/Niklas 11, 18 f., 21 ff.
Stumpff, Simon 27

Thomae, Marcus, genannt Stübner 18 f., 23
Troeltsch, Ernst 13

Ulhart, Philipp 85
Ulrich von Dornum 52 f.
Ulrich, Herzog von Württemberg 49
Uttenreuther Träumer 50 f., 111

Valdes 7
Virginia 95, 103

Waldenser 7, 21
Waldshut 36 f.
Wasserberger Prädikanten 57
Waterlanders 77, 88
Weber, Max 13
Weiditz, Hans 86
Wesley, John 100
Westerburg, Gerhard 23 f., 40
Whitefield, George 102
Williams, Georg Hunston 16
Williams, Roger 97, 101
Witikon 29

Zell, Matthias 71
Ziegler, Clemens 20
Zinzendorf, Nikolaus Ludwig Graf von 89
Zollikon 29, 32–35
Zwaardgeesten 61
Zwickau 18
Zwickauer Propheten 11, 20, 23
Zwingli, Ulrich 11, 14, 17, 23–30, 33, 35 f., 84, 108 f.